教職ライブラリ

特別の支援を
必要とする
子どもの理解

細 渕 富 夫
伊 勢 正 明
大 江 啓 賢

編著

宇治川雄大
内河水穂子
尾﨑 承 子
小 泉 晋 一
齋 藤 大 地
髙 橋 三 郎
中 村 保 和

共著

建帛社
KENPAKUSHA

刊行にあたって

　本書は，教員を目指す学生が教員免許状を取得するにあたって必修となっている「特別の支援を必要とする幼児，児童及び生徒に対する理解」に関わる内容を1冊にまとめたものです。

　この言い方にはなじみがなくても「特別支援教育」と言えば聞いたことがある人は多いとは思います。でも，実際にこの内容を専門的に学ぶのは大学等で初めて，という人がほとんどではないでしょうか。本書は，皆さんが「特別支援教育を学ぶ」とはどういうことなのかを手に取りイメージしてもらうために作りました。

　「特別支援教育」と一言で言っても，その内容は多岐にわたります。イメージされやすいのは「障害のある子ども」への教育活動ですが，教員を目指す人たちが必ず読む「学習指導要領」では "特別な配慮を必要とする" という言い方で，障害のある子どもだけではなく様々な状況の子どもたちに対し，配慮しながら教育活動を行うことを示しています。そのような観点から，本書を教科書や参考図書とする科目は「特別支援教育○○」という名称が多いことを前提としながらも，あえて『特別の支援を必要とする子どもの理解』としました。

　本書は，全10章から成り立っています。その中で「障害」と言われる内容に特化して解説しているのは，第4章から第6章にかけての3章分のみです。つまり，それ以外の章では，教員として子ども（児童・生徒）を指導するために知っておくべき制度や発達理論，障害ではないけれども支援を必要とする事情に関する内容や，そのような子どもに関わる人たちと教員との連携について解説しています。

　先ほど述べたことにもつながりますが，本書は「特別支援教育」という内容にとどまらず，教員としてどのような視点に立った配慮が必要であるか，子どもを支援している他の職種（大人）とどのような形で連携するのがよいのか，についても触れています。

　その上で，教員として理解しておくべき教育制度の変遷や子どもの発達過程

（発達理論），幼児期から学齢期への移行に伴う業務連携や指導計画の作成等だけではなく，特別支援教育の対象となる障害や様々な事情により支援が必要な子どもの理解と指導・援助方法についても解説しています。

　本書では，各章の冒頭に「学習にあたって」として，その章で取り上げる内容の概略と学びを深めるための事前学習（予習）項目を示しました。そして，章末に「まとめ」として内容の再確認と発展的学習ができるよう復習課題を示し，スムーズに学習を進められるように構成しました。

　刊行にあたって，大学で特別支援教育や発達心理学等の専門科目を担当している研究者，学校現場で日々実践をされている先生方に最新の動向，資料を用いて解説していただきました。それによって，皆さんが特別支援教育を初めて学び，教員免許状を取得するための基礎知識を習得する手助けとなる書籍として，本書を仕上げることができました。

　本書が皆さんにとって「大学等の授業テキスト」としてだけではなく，折に触れ，手に取り学びを深めていただける書籍になることを願っています。

　2023年7月

編者一同

も　く　じ

第9章　特別の支援を組み立てるための具体的な方法

第10章　特別支援教育コーディネーターの業務と役割

第1章　特別の支援を必要とする子どもを支える理念や教育制度

第1章の学習にあたって

　第1章では，特別支援教育を学ぶにあたって，「特別な教育的ニーズ」について，歴史的背景や国内外の動向，学習指導要領を基に概略を説明します。また，「インクルーシブ教育」や「ICIDH」「ICF」等の用語についても解説します。「特別な教育的ニーズ」すなわち特別支援教育に関わる内容は，大学生となって初めて専門的に学ぶ内容でもあるので，はじめはわかりにくい部分もあるかもしれません。このため，初めて学ぶことをふまえて，本章は概略的な内容構成になっています。

　第1章の内容は，本書の第2章以降を学習する基礎となります。語句や制度を確認（自分で調べてみる）しながら繰り返し読み，この章の理解を深めてください。

1　障害によらない特別な教育的ニーズへの注目

（1）「障害による」と「障害によらない」特別な教育的ニーズ

　"特別な教育的ニーズ"という用語は，これまで障害児教育の後継としての位置づけを与えられる形で広く理解されてきました。しかし，近年，文部科学省は「障害による（障害のある）」と「障害によらない（障害のない）」という接頭辞を使い分けて"特別な教育的ニーズ"という言葉を修飾するようになってきました。このことは，"特別な教育的ニーズ"の背景に，障害由来ではないものが含まれることをわかりやすく打ち出してきた，ということを意味しています。

　本書を始めるにあたり，まずは，そのあたりを俯瞰的に見ていきます。

　「特別な教育的ニーズ」とは，特別支援教育の基本的で重要な概念です。特殊教育から特別支援教育への大変革が行われた際，"特殊教育を施す理由とし

ての「障害」が"特別支援教育を施す理由としての「特別な教育的ニーズ」"ということになりました。例えば，通常の学級での授業場面を想像した時に，児童・生徒が授業へ主体的に取り組むことができない，説明されたことが理解できない，等の児童・生徒側の理由として考えられるものが，特別な教育的ニーズです。

この「特別な教育的ニーズ」という言葉を「障害による」とか「障害によらない」という言葉が修飾しています。児童・生徒の授業への取り組みに今一つ熱心さが足りない，とか，児童・生徒の理解力が不足しているかもしれない，という感想が得られる時の理由に「障害」が背景となっているものと「障害以外」が背景となっているものがあるのです。

「障害による」特別な教育的ニーズは，本書の第4～6章で説明している各種の障害が原因となって生じています。そして，「障害によらない」特別な教育的ニーズは，本書の第7章で説明しているような事柄が原因になって生じています。

「障害による」特別な教育的ニーズを理解するためには，障害の生じるメカニズムを理解することが重要です。そのため，心理学や生理学，病理学といった専門知識も必要です（特別支援学校教諭免許状を取得するための教職課程では，「基礎理論」，「心理・生理及び病理」，「教育課程・指導法」という区分があります）。

一方で，昨今注目されている「障害によらない」特別な教育的ニーズを理解するためには，その子どもの生活や学習を制限している様々な要因について理解することが重要です。本書の第7章で取り扱っているのは，日本語指導が必要な児童・生徒や，貧困家庭の児童・生徒，児童虐待を受けている児童・生徒，不登校状態にある児童・生徒です。このような学校での生活・学習だけで対応が完結しないケースでは，教育学の外側の存在である臨床心理学や社会福祉学等の関係者と連携して対応することが必要です。「チーム学校」の旗の下，他職種との連携を進めるために教育以外の分野の用語にも通じることがよい，との考えから，本書では「指導」の他に「援助」や「支援」という語を多用しています。

●（2）「発達過程」の重視と「ユニバーサルデザイン」の導入 ●

「障害による」特別な教育的ニーズは，別の言い方をすると，児童・生徒の身体や脳活動の問題から生じています。身体や脳活動の問題を直接取り扱うことができるのは，医療であって教育ではありません。それため，「障害による」特別な教育的ニーズに対する教育の対処方針は，身体や脳活動の問題が存在することを前提としつつ発達を促すことになります。各教科等の知識を児童・生徒へ伝達することと並行して児童・生徒の発達を促すためには，教員が促すべき発達の姿（発達段階）を理解している必要があります。

また，「障害によらない」特別な教育的ニーズは，前項で述べたような話題を取り扱うことになりますから，個々の児童・生徒の置かれている環境によって対処方針が異なります。不登校を例に取ると，病気が理由で不登校状態になった児童・生徒と，仲間関係が理由で不登校状態になった児童・生徒では，教員の関わり方は当然違うものになります。つまり，個別指導の視点が必要になるのです。

個別指導の視点を持つことによって，同じ発達段階にある児童・生徒の育ちの違いに気づくことができます。教員は，正しく発達段階の知識を駆使しながら，一人ひとりの児童・生徒が毎日の学校生活の中で得たものや変化していく様子を見守り続けることで，個々の児童・生徒の発達のプロセス（発達過程）を理解することができるようになります。

このことは，個別の指導を組み上げる際にとても重要な視点を提供してくれるもので，ある発達段階にある子どもが次の発達段階へ至るまでの悲喜交々の体験の蓄積を丁寧に記述することを通して，その子どもの固有の発達のプロセスが描き出され，その線上に具体的な次の教育活動の計画が立てられていくことになります。発達段階の理解と併せて個々の子どもの発達過程を知ることが，その子どもにふさわしい指導法を案出していくためにとても大切なことになります。

さて，"その子どもにふさわしい指導法を案出する"ことに一役買うことになるのが「ユニバーサルデザイン（universal design：UD）」という考え方の教育への導入です。本章で後述しますが，ノーマライゼーション原理は様々な分野に波及しています。教育の分野では，インテグレーション，メインスト

リーミング，インクルージョンという形態をとりましたが，建築意匠の世界ではバリアフリーやユニバーサルデザインという結実を見せます。最近では，「ユニバーサルデザイン教育」という言葉を見かけるようになってきました。

「ユニバーサルデザイン」とは，様々な特性を持つ人それぞれに使いやすい道具作り等の実践の集合体といえます。例えば，従来ハサミは右利きの人が使いやすいように設計されていましたが，左利きの人用のものが作られています。また，脳性麻痺や脳血管障害による麻痺がある人たちには使い難い一般的な包丁について持ち手部分の形状を工夫して可変できるようにしたり，ということがユニバーサルデザインの例としてよく知られています。

その考え方を教育の分野でも取り入れようという動きが起きているのです。"授業のUD化"という表現がしばしば用いられていますが，関係者は明確な定義を示さずに，様々な取り組みを含むように使っているようです。様々な特性を持つ子どもにとって学びやすい指導の創造が「ユニバーサルデザイン教育」といえるでしょう。理念的にはとても不思議なことですが，障害のある子どもの個別最適な学びの保障を追求する過程で，なぜかその個別最適な学びが障害のある・なしにかかわらず広く他の多くの子どもの学びに貢献することになっている，ということも理解してください（それゆえに「ユニバーサルデザイン」という表現が採用されたのでしょう）。

●（3）すべての子どもの就学の保障 ●

ユニバーサルデザイン教育や授業のUD化が目指す先は，すべての児童・生徒がわかる授業の確立です。障害のある・なしや，特別な教育的ニーズの内容にかかわらず，児童・生徒が集まる1つの場で一人ひとりの児童・生徒の学びを個別に構成することができるようになれば，特別支援教育が掲げる理念を実現することに大きく近づくことができます。

ただし，注意しなければいけないことは，「発達過程」を重視した一人ひとりの児童・生徒の理解やユニバーサルデザインの考え方を導入した授業方法の改善といった教員の工夫・努力だけではすべての児童・生徒の特別な教育的ニーズの解消につながらないということです。

制度運用についても可能な範囲で意を用いる必要があります。障害のある子

どもの就学に伴う保護者の心労は，以前から指摘されている通りです。また，外国にルーツのある子どもが就学する際のハードルの高さや受け入れる側の教員の苦労も制度の改善を通して軽減できる部分があります。

そのような全体的な取り組みが進められることで，すべての子どもの就学の保障につながっていくのです。

② ICIDHのインパクトとICFへの展開

● （1）ICIDHの「社会的不利」のインパクト ●

世界保健機関（WHO：World Health Organization）は，国際疾病分類（ICD：International Classification of Diseases）の補助として，1980年に国際障害分類（ICIDH：International Classification of Impairments, Disabilities and Handicaps）を発表しました。ICIDHにおいては，障害について，機能障害（impairments），能力障害（disabilities），社会的不利（handicaps）の3つに分類して考えています。このICIDHの考え方は，図1-1に示すように，疾病等により機能障害が発生し，それにより能力障害となり，それが社会的不利を引き起こすというものです。

モデルの具体例としては，疾病等により下肢が動かないという機能障害が発生し，それにより歩行することができないという能力障害となり，その結果，買い物ができない等の社会的不利を引き起こすということがあげられます。

そして，このICIDHの障害を3つに分類する考え方や，障害により社会で不利益を受けているという社会環境に視点を向けた考え方は，当時は画期的であるといわれました。

しかしながら，このICIDHは，その後，様々な批判を受けます。その批判には，「障害の理由を疾病とする医学的モデルである」や，「障害の原因を個人と

図1-1　ICIDHのモデル

している」,「一方向的な線形モデルである」という意見がありました。このような批判を受け,WHOでは,ICIDHの改訂作業に入りました。

●（2）ICFへの飛躍 ●

　2001年,WHOは,総会で国際生活機能分類（ICF：International Classification of Functioning, Disability and Health）を採択しました。ICFは,人間の生活機能（functioning）を心身機能・身体構造（body functions and structures），活動（activities），参加（participation）の3つに区分しています。これらの3つの区分は,それぞれ生物（生命），個人（生活），社会（人生）の次元を表しています。また,この生活機能に影響を与える背景因子（contextual factors）には,環境因子と個人因子があります。この環境因子が加わったことは,ICFでの新たな視点です。

　生活機能は,次のような内容になります。
　・心身機能・身体構造：精神機能,感覚機能,運動機能,身体構造等
　・活動：個人の課題や行為の遂行,生活をする上での行為等
　・参加：様々な生活場面（家庭生活,社会生活,市民生活等）への関わり等
　背景因子は,次のような内容になります。
　・環境因子：物的環境（用具,建物,移動交通機関,自然環境），人的環境,
　　　　　　　社会環境（サービス,制度）
　・個人因子：性別,年齢,性格,ライフスタイル等

　そして,図1-2に示すように,構成要素間の矢印は双方向になっています。生活機能は,健康状態や背景因子との相互作用によるものであるとともに,生活機能の各次元間も互いに影響を与え合い,双方向になっています。このようなことから,ICFは,相互作用モデルであるといわれています。また,生活機能は,健康状態に影響されるとともに,環境因子にも影響されます。そのため,医学モデルと環境を重視する社会モデルの統合モデルともいわれています。

　モデルの具体例としては,下肢が動かないという心身機能・身体構造であった時に,環境因子として「車いす」「外出を支援する人的サポート」「バリアフリーの道路」があることで移動するという活動ができ,外出して趣味を楽しむという参加が可能となる等,健康状態が好転してくることがあげられます。この

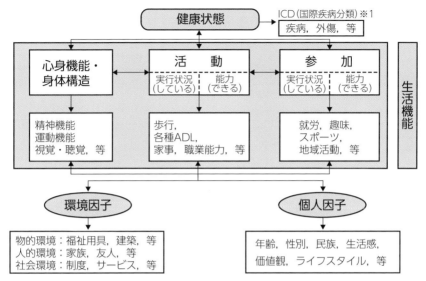

（出典）厚生労働省大臣官房統計情報部編：生活機能分類の活用に向けて，2007
※1　ICD（国際疾病分類）は，疾病や外傷等について国際的に記録や比較を行うためにWHO（世界
保健機関）が作成したものである。ICDが病気や外傷を詳しく分類するものであるのに対し，ICF
はそうした病気等の状態にある人の精神機能や運動機能，歩行や家事等の活動，就労や趣味等へ
の参加の状態を環境因子等のかかわりにおいて把握するものである。

図１－２　ICFの概念図

（文部科学省：特別支援学校教育要領・学習指導要領解説自立活動編（幼稚部・小学部・中学部），
2018，p.13）

ようにICFでは，環境因子により，活動や参加が可能になるという考え方をし
ます。さらに，個人因子に，外出して趣味を楽しみたいという希望があったり，
積極的な性格であったりすることで，参加や活動が促進されていきます。

　また，ICIDHは，障害のマイナス面に視点を当てていますが，ICFは，生活
機能をプラス面でとらえようとし，構成要素等に中立的な表現をしていること
が特徴です。さらに，ICFは，障害者だけではなく，すべての人々を対象とし
ています。そして，様々な分野で利用可能な共通言語になることを目指して作
成されました。

　このICFの採択は，その後の国際的な障害者観の変容に影響を与えていきま
す。そして，日本においても，ICFの考え方が浸透し，特別支援学校学習指導
要領にある自立活動の指導においては，ICFの考え方をふまえて指導を行うこ

とが求められています。

　また，最近では，2017（平成29）年のユニバーサルデザイン2020関係閣僚会議による「ユニバーサルデザイン2020行動計画」において，「障害」は個人の心身機能の障害と社会的障壁の相互作用によってつくり出されているものであり，社会的障壁を取り除くのは社会の責務であるという「障害の社会モデル」をすべての人が理解し，それを自らの意識に反映させ，具体的な行動を変えていくことで，社会全体の人々の心のあり方を変えていくことが重要であると述べられています。

③　ノーマライゼーションの理念の発展と教育への影響

●（1）ノーマライゼーションとその後の展開　●

　ノーマライゼーション（normalization）とは，障害のある人もない人も，互いに支え合い，地域で生き生きと明るく豊かに暮らしていける社会を目指す理念です。本来の英語の意味としては，標準化，正常化という意味がありますが，このような意味として，ノーマライゼーションが使われるようになったのは，デンマークで1959年に成立した法律（1959年法）が最初であるといわれています。その後，デンマーク，スウェーデン等の北欧諸国から，ノーマライゼーションの理念が広まります。この1959年法の成立に尽力し，ノーマライゼーションを提唱したのは，社会省行政官のバンク−ミケルセン（Bank-Mikkelsem, N. E.）で，スウェーデンのニィリエ（Nirje, B.）により，ノーマライゼーションの理念は整理されました。

　そして，1975年に国際連合（以下国連）が，「障害者の権利宣言」を採択します。この宣言には，障害者に基本的権利があることや，特別のニーズが考慮される権利を有することなどが示されています。この理念を実現するために，国連は，障害者の「完全参加と平等」を目指して，1981年を国際障害者年としました。翌年の1982年に，国連総会において「障害者に関する世界行動計画」を採択し，この計画の実施にあたって1983年から1992年までを「国連障害者の10年」としました。

　こうしたことから，イギリスやアメリカ等では，障害のある子どもを分離し

て教育するのではなく，統合して教育する動きが起こります。それは，インテグレーションやメインストリーミングと呼ばれました。

アメリカでは，1975年に制定の「全障害児教育法」において，「最少制約環境（障害のある子どもは，最大限に障害のない子どもと共に教育されること）」における教育や，個別教育計画（IEP）の策定等が規定されました。イギリスでは，1980年の政府白書「教育における特別なニーズ」を受けて，1981年の法律で，特別な教育的ニーズへの教育的対応や通常の学校で教育を受けることについて等が定められました。

●（2）インクルージョンへの発展 ●

1994年，ユネスコと協力したスペイン政府によって組織された「特別なニーズ教育に関する世界会議」が，スペインのサラマンカで開催されました。そこで，インクルーシブ教育（inclusive education）の推進や，インクルージョン（inclusion）の原則，特別な教育的ニーズ（special educational needs）について等が述べられている「サラマンカ宣言」が採択されました。

さらに，2006年，国連総会において，「障害者の権利に関する条約（以下，障害者権利条約）」が採択され，2008年に発効しました。障害者権利条約では，第1条の目的の1つに，「この条約は，全ての障害者によるあらゆる人権及び基本的自由の完全かつ平等な享有を促進し，保護し，及び確保すること並びに障害者の固有の尊厳の尊重を促進することを目的とする」と書かれています。主な内容として，ユニバーサルデザインの促進，障害者への差別の禁止，合理的配慮の提供等が示されています。さらに，第24条では，インクルーシブ教育システム（inclusive education system）の確保や，完全な包容（full inclusion）という目標に合致する効果的で個別化された支援措置等が示されています。

この障害者権利条約において合理的配慮とは，「障害者が他の者との平等を基礎として全ての人権及び基本的自由を享有し，又は行使することを確保するための必要かつ適当な変更及び調整であって，特定の場合において必要とされるものであり，かつ，均衡を失した又は過度の負担を課さないものをいう」と定義されています。

また，「私たちのことを私たち抜きで決めないで（Nothing About Us

Without Us)」を掲げ，障害のある当事者の人たちが，条約の起草に関わりました。

　教育分野では，各国において，インクルージョンやインクルーシブ教育が進められるようになります。このインクルージョンとは，分離して教育しているものを統合して教育するということではなく，障害があるなしにかかわらず包容され，適切な支援を受けながら，共に学ぶという考え方になります。

④ 国内の教育制度の変遷と現在の課題

●（1）学習指導要領の改訂と学びの変化 ●

1）改訂の経緯

　2017（平成29）年から2019（平成31年）にかけて，幼稚園，小学校，中学校，高等学校，特別支援学校（幼稚部・小学部・中学部・高等部）の学習指導要領が改訂されました。この学習指導要領は，約10年ごとに改訂が行われています。今回は，子どもが成人する頃の社会は，グローバル化や技術革新等で急速に変化し，予測困難な時代となることが想定されるため，この未来社会を切り拓く資質・能力の育成を目指して，改訂が行われました。

2）育成を目指す資質・能力の明確化

　知（確かな学力），徳（豊かな心），体（健やかな体）をバランスよく育成して，「生きる力」を子どもたちに育むため，すべての教科等を，「①知識及び技能」「②思考力，判断力，表現力等」「③学びに向かう力，人間性等」の3つの柱で再整理しました。「①知識及び技能」では，何を理解しているか，何ができるのかという観点で，生きて働く知識・技能の習得を目指します。「②思考力，判断力，表現力等」では，理解していること・できることをどう使うのかという観点で，未来の状況にも対応できる思考力・判断力・表現力等の育成を目指します。「③学びに向かう力，人間性等」では，どのように社会・世界と関わり，よりよい人生を送るかという観点で，学びを人生や社会に生かそうとする学びに向かう力・人間性の涵養を目指します。

3）「主体的・対話的で深い学び」の実現

　予測困難な時代では，自ら課題を見つけ，自ら必要な情報を探し考え，他者

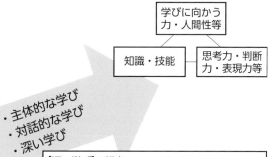

　「主体的・対話的で深い学び」の視点に立った授業改善を行うことで，学校教育における質の高い学びを実現し，学習内容を深く理解し，資質・能力を身に付け，生涯にわたって能動的(アクティブ)に学び続けるようにすること

【主体的な学び】の視点
　学ぶことに興味や関心を持ち，自己のキャリア形成の方向性と関連付けながら，見通しを持って粘り強く取り組み，自己の学習活動を振り返って次につなげる「主体的な学び」が実現できているか。

・主体的な学び
・対話的な学び
・深い学び

学びに向かう
力・人間性等

知識・技能

思考力・判断
力・表現力等

【深い学び】の視点
　習得・活用・探究という学びの過程の中で，各教科等の特質に応じた「見方・考え方」を働かせながら，知識を相互に関連付けてより深く理解したり，情報を精査して考えを形成したり，問題を見いだして解決策を考えたり，思いや考えを基に創造したりすることに向かう「深い学び」が実現できているか。

【対話的な学び】の視点
　子供同士の協働，教職員や地域の人との対話，先哲の考え方を手掛かりに考えること等を通じ，自己の考えを深める「対話的な学び」が実現できているか。

図1-3　主体的・対話的で深い学びの視点に立った授業のイメージ
(文部科学省：主体的・対話的で深い学び(「アクティブ・ラーニング」)の視点からの授業改善について(イメージ)(https://www.mext.go.jp/content/1421692_8.pdf) より作成)

と協働して，正解のない課題に，納得解を見いだすことが求められます。また，生涯，自ら学び続けることも必要です。そのような力を育成するためには，図1-3のように，主体的・対話的で深い学びを実現する，アクティブ・ラーニングの視点に立った授業を行うことが必要です。このような授業を行うためには，教師は，指導するという考えから，自ら学ぶ子どもに伴走してサポートするという考えに転換していくことが求められます。

4）子どもの発達の支援

　小・中・高等学校学習指導要領の総則部分には，「児童生徒の発達の支援」の項目に，「特別な配慮を必要とする児童生徒への指導」が記載されています。その中では，「障害のある児童生徒などについては，(中略)個々の児童生徒の障害の状態等に応じた指導内容や指導方法の工夫を組織的かつ計画的に行うも

のとする」と示され，通常の学級においても，特別支援教育を行うことが必要になっています。さらに今回の改訂では，各教科等の解説編で，指導計画上の配慮事項として，障害のある子どもの困難さに応じた配慮について具体的に明記されました。

　例えば，中学校社会科で例をあげると，「地図等の資料から必要な情報を見付け出したり，読み取ったりすることが困難な場合には，読み取りやすくするために，地図等の情報を拡大したり，見る範囲を限定したりして，掲載されている情報を精選し，視点を明確にするなどの配慮をする」と示されています。これからの通常の学級における指導は，このような様々な困難さへの支援を行っていく必要があります。

　また，小・中学校には特別支援学級，小・中・高等学校には通級による指導が示されるとともに，個別の教育支援計画や個別の指導計画の作成についても明記されています。

　さらに，特別な配慮を必要とする児童・生徒への支援として，日本語の習得に困難のある児童・生徒の日本語指導や不登校の児童・生徒への配慮が示されており，適切な対応をする必要があります。現在，通常の学級には，障害のある子どもや不登校の子ども，日本語指導を必要とする子どもだけでなく，多様な支援を必要とする子どもが多く在籍しています。その子どもたちに対して，適切な支援をしていくことが求められます。

●（2）令和の日本型学校教育への発展 ●

　2021（令和3）年に，中央教育審議会から，「『令和の日本型学校教育』の構築を目指して～全ての子供たちの可能性を引き出す，個別最適な学びと，協働的な学びの実現～」が答申されました。さらに，GIGAスクール構想が進み，義務教育段階の子どもには，1人1台端末が整備され，ICTの活用が進んでいます。本答申では，ICT環境を最大限活用し，「個別最適な学び」と「協働的な学び」を充実していくことが重要であると示されています。

　この「個別最適な学び」とは，子ども一人ひとりの特性や学習到達度等に応じて，指導方法や教材等を柔軟に提供する「指導の個別化」と子ども一人ひとりの興味・関心やキャリアの方向性に応じて，自身で学習が最適になるように

調整する「学習の個性化」を合わせた考え方になります。特別支援教育の合理的配慮や個別の支援に対して,「個別最適な学び」は,より広い意味を含んでいると考えることができます。

また,新時代の特別支援教育のあり方についても示され,すべての教員に求められる特別支援教育に関する専門性として,障害の特性等の理解・指導方法,個別の教育支援計画・個別の指導計画等の特別支援教育の基礎的知識,合理的配慮の理解,障害の社会モデルの考え方の理解とそれをふまえた学級経営・授業づくり等が示されており,主に通常の学級を指導する教員も,このような専門性を身につけておくことが必要です。

さらに,幼児教育では,小学校教育との円滑な接続の推進が示されています。幼稚園教育要領等に示された10項目の「幼児期の終わりまでに育ってほしい姿」や,5領域のねらい及び内容(健康・人間関係・環境・言葉・表現)が,生きる力の基礎となり,小学校段階の3つの柱や各教科等につながり,生きる力を育むように,連携強化が求められています。

5 国内の障害児教育の制度と特別支援教育への展開

●(1)国内の障害児教育に関する施策の移り変わり ●

日本の障害児教育では,「特別支援教育」という用語が登場する以前は「特殊教育」と呼ばれ,特別支援学校は,盲学校・聾学校・養護学校と呼ばれていました。盲学校や聾学校は,明治時代には設置されており,1948(昭和23)年から義務化されました。しかし,重度の知的障害児や肢体不自由児等は,就学猶予や免除となり,学校教育の対象となっていませんでした。1979(昭和54)年には,養護学校が義務化され,今まで就学猶予や免除となっていた重度の知的障害児や肢体不自由児等が,養護学校に入学できるようになりました。しかしながら,養護学校の教育は分離教育であると,当時,統合教育(インテグレーション)を求める声もありました。

そして,2001(平成13)年の「21世紀の特殊教育の在り方について(最終報告)」や,2003(平成15)年の「今後の特別支援教育の在り方について(最終報告)」,2005(平成17)年の中央教育審議会の答申「特別支援教育を推進するた

めの制度の在り方について（答申）」を経て，2007（平成19）年に，特殊教育から特別支援教育への転換が図られます。

　学校教育法等が一部改正され，2007（平成19）年4月から，盲・聾・養護学校が特別支援学校に，特殊学級が特別支援学級になりました。併せて，同年4月に「特別支援教育の推進について（通知）」が通知されました。そこには，特別支援教育の理念を次のように示しています。

> 【特別支援教育の理念】
> 　特別支援教育は，障害のある幼児児童生徒の自立や社会参加に向けた主体的な取組を支援するという視点に立ち，幼児児童生徒一人一人の教育的ニーズを把握し，その持てる力を高め，生活や学習上の困難を改善又は克服するため，適切な指導及び必要な支援を行うものである。
> 　また，特別支援教育は，これまでの特殊教育の対象の障害だけでなく，知的な遅れのない発達障害も含めて，特別な支援を必要とする幼児児童生徒が在籍する全ての学校において実施されるものである。
> 　さらに，特別支援教育は，障害のある幼児児童生徒への教育にとどまらず，障害の有無やその他の個々の違いを認識しつつ様々な人々が生き生きと活躍できる共生社会の形成の基礎となるものであり，我が国の現在及び将来の社会にとって重要な意味を持っている。

　さらに，特別支援教育に関する校内委員会の設置，特別支援教育コーディネーターの指名，「個別の教育支援計画」や「個別の指導計画」等について，示されています。この通知は，ノーマライゼーションの理念や共生社会の実現を目指して，特別な場で特別な指導をする特殊教育から，すべての学校で特別支援教育を行うという，大きな転換点になりました。しかし，一人ひとりに応じた教育を行うということは，引き継がれています。このようなことから，この特別支援教育は，特殊教育を包含した考え方ともいえます。

●（2）障害者権利条約批准への動きとその後 ●

　日本は，2007（平成19）年に障害者権利条約（障害者の権利に関する条約）に署名し，批准のために国内における法改正等が進められることになりました。2009（平成21）年に，閣議決定により，「障害者制度改革推進本部」を設置して，制度の集中的な改革を進めました。その際に，障害のある当事者からの意見も

聴取しました。そして，2011（平成23）年に障害者基本法の一部改正，2012（平成24）年に障害者総合支援法の成立，2013（平成25）年には，障害者差別解消法（障害を理由とする差別の解消の推進に関する法律）の成立と障害者雇用促進法（障害者の雇用の促進等に関する法律）の改正が行われました。これを受け，2013（平成25）年には国会で「障害者の権利に関する条約」の締結が承認され，2014（平成26）年に条約の批准書を国連に寄託し，同年に効力が発生しました。そしてその後，2016（平成28）年に障害者差別解消法が施行されました。これにより，障害者への差別の禁止と合理的配慮の提供が定められ，国・地方公共団体等は，法的義務となりました。

　教育分野としては，障害者基本法の一部改正では，可能な限り障害者である子どもと障害者でない子どもが共に教育を受けられるよう配慮すること，そのために，保護者に十分な情報提供を行うとともに可能な限りその意向を尊重すること，「交流及び共同学習」を積極的に進めること等が定められました。

　また，2012（平成24）年には，中央教育審議会初等中等教育分科会から「共生社会の形成に向けたインクルーシブ教育システム構築のための特別支援教育の推進（報告）」が報告されました。主な内容は次の通りです。

　インクルーシブ教育システムの構築として，同じ場で共に学ぶことも追求するとともに，教育的ニーズに最も的確に応える指導を提供できる連続的で多様な学びの場（通常の学級，通級による指導，特別支援学級，特別支援学校）を用意することが示されました。また，就学先決定の仕組みの改善や，合理的配慮，交流及び共同学習の推進等が示されました。これにより，日本において，インクルーシブ教育システムの構築が進んでいきます。

　そして，2013（平成25）年に，学校教育法施行令の一部改正が行われ，就学の仕組みのあり方が変わりました。本施行令では，特別支援学校に就学させるべき障害の程度を示すのでなく，特別支援学校の目的・機能を示すようになりました。また，就学先決定に際しては，保護者の意見聴取が義務づけられました。これにより，障害の程度で就学先を決定するのでなく，保護者の意見を含め総合的な観点で就学先を決定することになりました。

　その後，2021（令和３）年の中央教育審議会答申，「『令和の日本型学校教育』の構築を目指して〜全ての子供たちの可能性を引き出す，個別最適な学びと，

協働的な学びの実現～」においては，「障害者の権利に関する条約」に基づくインクルーシブ教育システムの理念を構築するために，今までの取り組みを推進するとともに，次に述べること等が示されました。

　小・中学校における障害のある子どもの学びを充実させるために，特別支援学級の子どもたちが，特別支援学級に加えて在籍する学校の通常の学級の一員としても活動するような取り組みや，障害のある子どもの障害の状態等をふまえて，学級活動や給食等について可能な限り共に行うこと，教科学習についても，子どもの障害の状態等をふまえ，可能なものは共同で年間を通じて実施することが必要であると示されました。さらに，通常の学級においては，ユニバーサルデザインや合理的配慮の提供を前提とする学級経営・授業づくりを引き続き進めていく必要があることが示されています。これらを実現するために，すべての教員が特別支援教育に関する専門性を有することが必要であることも示されました。

　共生社会を実現し，障害のある子どもが，適切な支援を受けながら，障害のない子どもとできるだけ学べるようにするためには，幼・小・中・高等学校の教員が，特別支援教育を理解し，実践することが何より必要といえます。

6 　幼児期から思春期・青年期までの教育の枠組み

　本節では，幼児期から思春期・青年期までの教育の枠組みについて確かめます。特別の支援が必要な子どもに限らず，最近の学校教育では，子どもの育ちを引き継ぐことが重視されるようになってきました。例えば，小学校の先生は，担任する子どもの保育所や幼稚園などでの育ちの様子をふまえて授業の工夫をすることが求められていますし，小学校6年間の育ちの様子を中学校の先生へ伝えることが求められています。

　このようなつながりを持つことを“校種間接続”や“校種間連携”といいますが，本節では，次章以降で度々登場する校種間接続や校種間連携に関する最初の話題として，幼児期から思春期・青年期までの教育の枠組み（特に就学前後の切り替え）の概要を押さえます。

● （1） 発達段階と学校種の対応 ●

　本章の「1　障害によらない特別な教育的ニーズへの注目」でも触れましたが，「障害による」や「障害によらない」に限らず，特別な教育的ニーズを持つ一人ひとりの児童・生徒へ指導する際，その児童・生徒の発達段階を理解することを推奨しました。その上で，一人ひとりの児童・生徒の発達過程を丁寧に記録・記述して理解をすることを勧めました。

　ここで説明することは，第2章で述べる内容を一部先取りするところがありますが，発達段階と学校種の対応関係です。

　「子ども」の呼び名は年齢に応じて変化します。また，法律によっては「子ども」や子どもを意味する「児童」の年齢に違いがあります。ここでは，文部科学省での言葉の用い方に基づいて，それぞれの学校での子どもの呼び方と発達段階の大まかな対応関係を説明します。

　幼稚園に通う子どもを「幼児」といいます。小学校（義務教育学校の前期課程を含む）に通う子どもを「児童（学齢児童）」といいます。中学校（義務教育学校の後期課程，中等教育学校の前期課程を含む）に通う子どもを「生徒（学齢生徒）」と呼び，高等学校（中等教育学校の後期課程を含む）に通う子どもを単に「生徒」と呼んでいます。

　次に，発達心理学で示されている発達段階名についてですが，生まれて間もない乳児の時期を「乳児期」と呼びます。幼児の時期は「幼児期」，児童の時期は「児童期」と呼びます。なお，児童期はおおむね第二次性徴が出現する前まで用いられます。第二次性徴が発現した後は，「思春期・青年期」と呼ばれます。「思春期」はおおむね中学生，「青年期」はおおむね高校生以降に対応しています。

　一方，ピアジェ（Piaget, J.：1896-1980）が提唱した認知能力の発達理論においては，4つの発達段階の時期区分が設定されています。乳児期は「感覚運動期」，幼児期から児童期の始めは「前操作期」，おおむね児童期にあたるのが「具体的操作期」，おおむね思春期以降が「形式的操作期」と呼ばれます（第2章参照）。

　以上のことをまとめると，発達段階と学校種の対応関係は，次のようになります。幼稚園では主に前操作期の子どもが学んでいます。小学校では前操作期

と具体的操作期の子どもが学んでいます。そして，中学校と高等学校で形式的操作期の子どもが学んでいることになります。

　なお，発達は一人ひとりの子どもによって進み方や速さが全く異なりますので，示した時期は1つの目安として考えてください。

●（2）発達段階と指導方法の変化 ●

　ピアジェの認知発達理論は，自分が思い浮かべる認知的枠組み（ピアジェ理論では"シェマ"といいます）をどのように動かしたり，加工したりできるのか，という観点で作り上げられています。そのため，前述したピアジェの4つの発達段階の内の3つの段階の名称で"操作"という言葉が使われていることに気づくのではないでしょうか。

　具体的操作と形式的操作の2つは，それぞれ，具体的なイメージを操作可能，抽象的形式的なイメージを操作可能，と理解してください。そして，前操作期はイメージを操作する"前"の段階と読むことができます。つまり，前操作期と具体的操作期の間には認知能力の面で質的な違いがあります。そして，その違いが幼児と児童の指導（学習）方法の違いに対応しています。

　幼稚園では，「生活と遊び」を通して学びます。小学校・中学校・高等学校では，「教科書」を用いて学びます。

　なお，近年では「小1プロブレム」の解消を目指して，幼稚園側で立案した就学に向けた「アプローチカリキュラム」や小学校側で立案した入学後の学校生活を円滑に始めるための「スタートカリキュラム」，これらを関係者が集って一体的に編成した「接続期カリキュラム」を作成しているところも現れてきました。

●（3）保育内容5領域から小学校の各教科等への接続 ●

　前操作期の学びは生活と遊びを中心に行われ，具体的操作期の学びは教科書を用いた学習で行われます。これらの指導内容を規定しているのが幼稚園教育要領等に示されている保育内容5領域（健康・人間関係・環境・言葉・表現）と小学校学習指導要領に示されている各教科等です。

　校種間接続の観点から考えると，一見，保育内容が「教科」に接続されると

思われるかもしれません。しかし，忘れてはならないのが，「等」の部分にも保育内容がつながっていることです。生活科に仲介される“各教科”だけでなく，“特別の教科　道徳”や“特別活動”，“総合的な学習の時間”にも保育内容は接続されます。

　保育内容5領域で取り扱われる内容と小学校の各教科等の内容との結びつきの詳細は，本書の第3章「1　就学前の保育内容と就学後の教科指導の関係」で取り扱います。ここで，小学校教員を志望している学生へお願いしたいことがあります。「教科」と「等」の両方を有機的かつ効果的に関わらせた指導ができるようになってほしい，ということです。

　教職課程での学習時間や学習量は，「教科」のほうが多く，「等」のほうがどうしても少なくなります。しかし，上述したように「等」に含まれる時間は，“特別の教科　道徳”や“特別活動”，“総合的な学習の時間”という知識を覚える活動とは少し異なる方向性の知的活動であり，「覚えた知識をいかに用いるのか」という知識を活用するための枠組みづくりの部分です。この枠組みが人間性や倫理観，道徳性を直接取り扱っています。幼稚園を始めとした就学前施設の現場では，小学校の教科等につながる内容を“保育内容5領域”として，日々の生活と遊びを通して一体的に育てています。就学前教育の蓄積を引き継いで，児童と向き合ってください。

第1章のまとめ

　第1章では特別支援教育を学ぶにあたり，「特別な教育的ニーズ」について，歴史的背景や国内の動向，学習指導要領をふまえ，現在のシステムや制度について整理しました。この章で取り上げた事項は特別支援教育を学ぶだけではなく，教員として実践を行うにあたり基礎となる事項ばかりです。特に学習指導要領や法改正の内容，制度の運用に関する通知等については，文部科学省のwebサイトからも閲覧できますので，本書とともに再確認しておきましょう。

　本章の学習内容について，復習を兼ねて以下の観点から整理しましょう。

① ICIDHとICFの違いを整理し，ICFの特徴である個人因子と環境因子の具体例を考えてみよう。

② ノーマライゼーションとインクルーシブ教育の考え方を整理してみよう。

③ 学習指導要領（平成29年告示）の特徴（改訂内容）を「子どもの発達の支援」の観点から整理してみよう。

④ 特殊教育から特別支援教育への転換について，「特別支援教育の理念」と「共生社会の実現」をキーワードとして整理してみよう。

⑤ 「特別の支援を必要とする子ども」に担任として関わる，あるいはクラスの子ども同士が関わる際，どのような点に注意・配慮する必要があるか，発達段階と指導方法との関連をふまえて考えてみよう。

参考文献

・藤井聰尚編著：特別支援教育とこれからの養護学校，ミネルヴァ書房，2004
・独立行政法人国立特殊教育総合研究所・世界保健機構（WHO）：ICF（国際生活機能分類）活用の試み―障害のある子どもの支援を中心に―，ジアース教育新社，2005
・田中裕一：通常学級の発達障害児の「学び」を，どう保障するか，小学館，2022
・伊勢正明：保育内容「人間関係」と小学校教育の内容の関連に関する一考察，帯広大谷短期大学紀要，51，2014，pp.87-97
・伊勢正明：小学校「特別活動」の内容と保育内容「人間関係」の指導に関する一考察―係活動・園行事に注目して―，帯広大谷短期大学紀要，52，2015，pp.63-70
・岡本夏木：ピアジェ・J（村井潤一編：発達の理論をきずく，別冊発達，4），ミネルヴァ書房，1986，pp.127-161

子どもの発達過程を理解するための基礎的な視点

　第2章では，特別の支援を必要とする子どもの発達を促すために「子どもの発達過程を理解する」ことを目的として，様々な発達理論を整理します。発達心理学で学習する内容と重複する部分もありますが，ここでは「発達保障」の考え方を基本として，認知，社会性，道徳性の発達を整理します。

　第2章の内容を学習するにあたって，「発達保障」の意味や「発達心理学」の内容を事前学習（予習）として再確認しておくと，理解がより深まるでしょう。

1　発達の理解と発達保障

（1）発達とは

　人間の一生は，受精の瞬間から死に至るまで変化の連続です。その変化のことを心理学では発達と呼んでいます。変化にも様々な変化があります。身長や体重のような量的変化や，首のすわりから寝返り，おすわりなどを経て立って歩くまでの質的変化もあります。同様に知的側面でも数唱や記憶容量のような量的変化もあれば，具体的思考から抽象的思考，論理的思考へ至る質的変化もあります。死に近づく老年期も含むということは，単にできなかったことができるようになるという成長，向上，発展の方向だけではなく，できていたことができなくなる，持っていた機能が失われるといった，衰退，喪失，消滅も重要な発達のプロセスととらえていくことが大切です。

　発達の英訳はdevelopmentですが，この言葉はde（反対語）＋envelop（包み込む，覆う）から成っています。つまり語源的には，「包み込まれていたものが表に現れる」という意味があります。「包み込まれていたもの」とは生得的なもの，遺伝的なものを意味しているのではなく，内在する可能性が徐々に顕

在化していく過程を意味しています。「内在する可能性」とは，身体的成長に伴って周囲の人や物との関わりを広げる中で芽生えてくる「こうしたいな」「ああなりたいな」といった「願い」や「あこがれ」，つまり発達的な要求です。

　発達心理学のテキストや育児雑誌等には，「○歳頃，～ができるようになる」といった育ちの目安が数多く紹介されています。これを読んで子どもの行動を観察して，発達状態の確認をしただけでは教育・保育に何の意味もありません。例えば，子どもがスプーンを使おうとしだすのは，通常生後10か月頃ですが，手首をうまく回転させて道具らしく使えるようになるのは1歳中頃だとされています。この事実を学んで10か月頃に，子どもの手をとって一生懸命スプーンの使い方を教えたとします。この子はスプーンを上手に使えるようになるでしょうか。結果として使えるようになる子がいるかもしれませんが，それが他の道具（砂場のシャベルやスコップ等）にも広がりを持って獲得されていないかもしれません。むしろ手をとって無理に教えられたら，スプーンを見るのも嫌になってしまう子もいるでしょう。

　スプーンが使えるようになる時期は，主体的に外界に働きかけることで様々な道具操作が獲得されていく段階であり，何にでも手を出したがり，できないのに自分でやりたがる時期でもあります。さらにこの時期は，大人や友だちの使っている姿へのあこがれが強く高まっていく時期でもあります。単に手をとってスプーンの使い方を直接教えても，スプーンを使える力を本当の意味で身につけることはできません。スプーンが上手に使えるようになるために大切なことは，道具に合わせた手の運動のコントロールと同時に，周囲の友だちや大人へのあこがれ，願いを育てていくことなのです。「発達」というと多くの人は能力の獲得，向上をイメージしがちですが，気持ちの育ち（自己効力感や自己肯定感など）や価値意識の深まりなど，人格が豊かに育っていくことも「発達」の大切な内容と考える必要があります。

●（2）発達と発達保障　●

　このように，発達はその内容として能力の獲得と人格の形成とが含まれています。しかもこれらはバラバラに進むわけではありません。自分の力で何かを達成する中で自信を深めたり，仲間と協力しながら課題を解決したりする中で

自分の役割を知り，責任感や誇りを持つようになります。発達における能力の獲得と人格の形成とは統一的に理解する必要があります。

　発達のプロセスは，ただ眺めているだけで成長とともに進むわけではありません。そこには，発達を目指した実践的取り組み，教育的働きかけ，そしてそれを可能にする社会的制度が必要です。発達保障の考え方は，重い障害のある人たちとともに生きようとする家族・関係者の願いから生まれました。この考え方は，昭和30年代の障害者福祉や障害児教育運動・実践の拠りどころとなる権利思想として深められてきたものです。

　我が国の発達保障思想の起源は，戦後滋賀県に誕生した重症児施設・びわこ学園の実践に求めることができますが，1960年代以降，障害のある人たちの生存と発達の権利を保障する思想として広がっていきました[1]。発達保障思想の広がりを背景に，この時代には，重い障害のある子どもの不就学をなくし，養護学校義務制実施を求める運動（全員就学運動）や，障害があっても自分らしく働ける場をつくろうという共同作業所運動などが展開され，現在につながる障害のある人々の教育と暮らしの制度的基盤が整備されました。

　発達保障の思想は，社会的に困難な状況にある障害のある人たちの願いを共感的に受け止め，ともにその実現を目指す人々がつながる中で芽生え，全国に広がっていきました。その過程で「たたかい」という表現が多く用いられたのは，「人権侵害」を告発し，その保障を求める運動として展開されたためです。

　河合（2012）は，発達保障について明確な定義を与えることはあまり意味がないとした上で，その理由を次のように述べています。

　「なぜなら，私たち一人ひとりが『発達保障』という枠組みを通して現実を見たり，想像力を働かせることで，埋もれている事実や取り組むべき課題が掘り起こされてくるというのが，発達保障の最も重要な役割だからです」[1]。

　コロナ禍であった2021（令和3）年現在，小中学校における不登校児童・生徒数が約24万人[2]と過去最高を記録するなど，子どもたちの育ちをめぐる環境は，きわめて深刻な状況を呈しています。今こそ障害のある子どもたちを含め，すべての子どもたちに対する子育て環境を改善する社会的取り組みと結びつけて，発達保障に取り組むことが求められています。

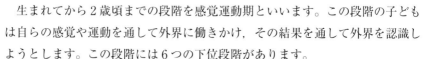

② 認知発達の理論

　認知（cognition）とは知覚，学習，思考，判断，意思決定などを含んだ，外界からの情報を既存の知識などに基づいて処理する情報処理のプロセスのことです。スイスの発達心理学者ピアジェは，健常な子どもの成長過程を観察することによって，人間の認知能力の発達（認知発達）に一定のプロセスがあることを見出し，それを４つの段階に区分しました。それは感覚運動期，前操作期，具体的操作期，形式的操作期の４段階です。

　ピアジェによれば認知発達とは知能の発達のことでもあり，発達段階によって使用できる思考の形式が異なります。例えば前操作期（就学前）の子どもには足し算や引き算が理解できないかもしれませんが，具体的操作期（児童期）になれば通常はわかるようになります。それは就学前と就学後とでは発達段階が異なり，思考の形式も質的に異なるからです。就学年齢に達しても足し算の理解が困難であれば，知的障害や学習障害の可能性が考えられます。定型発達児がたどるオーソドックスな認知発達のプロセスを知ることで認知発達の遅れをアセスメント（評価）することが可能になり，子どもの認知発達に合った教育ができます。本節では，ピアジェによる認知発達のプロセスを説明します。

●（１）感覚運動期（生後から２歳頃まで）　●

　生まれてから２歳頃までの段階を感覚運動期といいます。この段階の子どもは自らの感覚や運動を通して外界に働きかけ，その結果を通して外界を認識しようとします。この段階には６つの下位段階があります。

１）反射活動段階（生まれてから生後１か月頃まで）

　この段階はおよそ生後１か月頃までの新生児の期間で，ほとんどの行動が反射的なものです。新生児は主に吸啜反射（唇に触れたものを吸おうとする反射）や把握反射（手に触れたものを握りしめようとする反射）などの原始反射を用いて外界に働きかけ，自分自身の行動を調節していきます。例えば，吸啜反射によって唇に触れたものを何でも吸おうとしますが，やがて乳首以外のものはすぐに離してしまい，乳首のみを吸うようになります。

2）第一次循環反応段階（生後１か月から４か月頃まで）

　この段階では，指しゃぶりのような快感が得られる行動を何度も繰り返すようになります。吸う以外にも，喃語を繰り返したり，動くものを注視したりします。この段階では習慣的な行動が形成されます。

3）第二次循環反応段階（生後４か月から８か月頃まで）

　この段階では，快感をもたらす行動を繰り返すうちに因果関係の知覚が生じるようになります。例えば，手元にある紐を引っ張ると頭上のモビールが揺れるのを覚え，その行動を繰り返すようになります。つまり，見たものを手でつかむなどの視覚と運動との協応が成立し，外界に対して積極的に働きかけるようになり，それを反復します。これを知的活動の萌芽と呼ぶこともできます。

4）第二シェマの協応段階（生後８か月から１歳頃まで）

　生後８か月を過ぎると，いよいよ真の知的活動とでもいうべき行動がみられるようになります。この段階を第二シェマの協応段階といいます。シェマとは，外界を認識する時の認知的枠組みのことです。この段階では対象の永続性が成立するので，目の前の物が視界から消えてもそれが存在し続けていることを理解するようになります。例えば枕の下に物を隠しても，枕を取り除けて物を手に入れるなど，目の前の障害物を除去することができます。対象の永続性が成立する頃には，手にした物を眺めたり，ひっくり返したり，振り回したり，口に入れるなどの探索行動が活発になります。

5）第三次循環反応段階（１歳から１歳６か月頃まで）

　この段階では，何かを実験的に試すような行動を反復します。例えばチリ紙を手にしたらそれを投げたり，丸めたり，破いたりするなどの行動を繰り返します。手にした物体の性質を確認しているかのような行動でもあり，その行動によって対象は変化しても，それが同じものであることを理解するようになります。つまりチリ紙を握れば小さくなるが，それがチリ紙であることには変わりがないことを理解します。この頃には対象の永続性がより確実なものとなり，いよいよ感覚運動期の最後の段階に入ります。

6）心的表象出現段階（１歳６か月から２歳頃まで）

　この段階では心的表象（イメージ）が出現します。心的表象が出現すると目の前にない物を心の中で想い描くことができるようになるので，おもちゃ箱に

人形がなくてもそれを探すようになります。また，見立て遊び（椅子を車に見立てて遊ぶなど）や延滞模倣（その場にいない人の行動をまねるなど）も可能になります。心的表象の出現は目の前に存在しない物事に対する思考を促し，それはやがてイメージや言葉による表象的な思考の段階へと移行します。

●（2）前操作期（2歳から7歳頃まで）●

　前操作期は，2歳から7歳頃までの，主に就学前の幼児期に相当します。この段階はさらに2つの下位段階に区分されます。その前半が2歳から4歳頃までの象徴的思考段階で，後半が4歳から7歳頃までの直観的思考段階です。

1）象徴的思考段階（2歳から4歳頃まで）

　この段階では，心的表象（イメージ）が発達し，見立て遊びやごっこ遊びが活発になります。言葉も大きく発達しますが，まだ思考が十分に発達していないので，大人のように論理的に物事を考えることができません。思考の特徴としては，アニミズム（無生物にも生命が宿っていると考える），実在論（現実と虚構との区別が未分化なため考えたことや夢で見たことが実在すると考える），人工論（世の中にあるすべてのものは人間が作ったと考える）があげられます。

2）直観的思考段階（4歳から7歳頃まで）

　この段階になると少しずつ論理的に考えることができるようにはなってきますが，物事の判断がまだ見た目の印象に引きずられやすく，直観的で非論理的な思考が目立ちます。直観的思考の例としてよく知られているのが「保存」課題です。まず大きさと形が同じコップを2つ用意して，それぞれに同じ量の水を入るところを幼児に見せます。次に一方の水を細長いコップに移し替えて，どちらの水が多いかと幼児に聞くと，幼児は細長い方が多いと答えます。これは細長いコップだと量が高く見えるので，幼児は視覚的な印象に惑わされてしまうのです。同様に大きさと形が等しい粘土を幼児に見せた上で，一方の粘土の形を細長くしても，幼児は判断を誤ってしまいます。

　この段階の子どもは，自分の視点から離れて物を見ることができないので，思考が自分自身の視点に中心化されます（自己中心性）。つまり，自分以外の視点が存在することをまだ理解できておらず，他者も自分と同じ視点から物を見ていると考えてしまいます。子どもの自己中心性を示す実験として有名なの

が，ピアジェの「三つ山」課題です。ピアジェは高さの異なる三つの山のミニチュアをテーブルの上に用意して，子どもにテーブルの周りを歩かせました。それからテーブルの一方に子どもを立たせて，別の位置に人形を置きました（人形の視点からは，子どもとは異なった風景が見えます）。そして子どもに人形が見ている風景の写真を選ぶように指示すると，前操作期の子どものほとんどが自分の見ている風景の写真を選びました。これは，この段階の子どもがまだ自己中心性を脱しておらず，自分の視点にとらわれてしまうからです。

●（3）具体的操作期（7歳から12歳頃まで）　●

　この段階は児童期（学童期）に相当し，前操作期の非論理的な思考を脱して論理的な思考が可能になります。脱中心化が進み，前操作期では困難だった「保存」課題や「三つ山」課題もクリアできるようになります。特に具体的で知覚可能な物事に関してはかなり論理的に思考できますが，実体験を離れた物事や具体性のない抽象的な事象について考えることはまだ得意ではありません。

　ピアジェは7歳から12歳までの児童期の心理的特性を具体的操作期と一括りにしています。しかし，小学校の低学年ではまだ幼児的な心性を残しているものの，高学年は心理的にも身体的にも大人に近づいています。実際には「10歳の壁」という言葉があるように，小学校4年生は第二次性徴が顕在化する前の時期（前思春期）でもあり，子どもの認知機能に大きな変化がみられます[3]。例えば10歳頃になると，長期的で見通しを持った時間感覚が育つので，計画的に行動できるようになります。また自己客観視ができるようになるので劣等感を抱くようになります。あるいは自他の感情理解が進んで複雑な感情表現が可能になり，仲間との友情も強くなりますが，陰湿ないじめも生じやすくなります。このように考えると，児童期の認知発達を具体的操作期としてまとめてしまうのはいささか強引かもしれません。具体的操作期の子どもには，10歳頃を境に認知発達に大きな変化が起こることを知っておいてください。

●（4）形式的操作期（12歳以降）　●

　思春期以降の発達段階を形式的操作期といいます。具体的・生活的な事象に限定された思考を離れて，抽象的な概念操作による論理的思考が可能になりま

す。小学校で習う算数であれば，買い物にいくらかかるかなどの日常生活に即した具体的な内容を学びますが，中学校以降で習う数学は，連立方程式，二次関数，三平方の定理など抽象度が高くなります。「愛と友情との違い」や「個を通しての普遍性とは何か」など，日常の具体的な生活意識からかけ離れた命題に思考をめぐらせることも，この段階に入って初めてできるようになります。

③ 社会的発達の理論

　ピアジェが子どもの認知発達を研究して理論化したのに対して，エリクソン（Erikson, E. H. : 1902-1994）は精神分析の立場から人間の社会的発達の理論を提唱しました。エリクソンによれば，人間の生涯は8つのライフサイクルに区分され，それぞれの段階に応じた発達課題があります。そして発達課題は社会との関わりの中で生じて，課題をクリアするまでに各段階に特有の心理・社会的な危機があると考えました。この危機は人格的な成長に向かう原動力にもなりますが，失敗すると退行や病理に向かうこともあります。つまり心理・社会的な危機は成長と病理の岐路となるのです。病理とまではいかなくても，発達課題を十分に解決できない場合は後の段階でさらに多くの発達上の困難に出会うと考えられています。本節ではエリクソンの提唱した8つのライフサイクルと発達課題について説明します。なお，これ以降の見出しではライフサイクルを「○○期」と表現し，その時期の発達課題の内容を併記します。発達課題は「○○対○○」と表記しますが，左側が発達課題を解決した時に獲得される性質で，右側が発達課題を解決できなかった時に獲得される性質です。

●（1）乳児期（基本的信頼　対　不信）●

　出生から2歳頃までの時期で，この段階の発達課題は基本的信頼の獲得です。基本的信頼とは，自他に対して揺るぎなく信頼する能力のことです。乳児は無力なので，養育者からの世話に依存しなければ生きていくことができません。養育者から十分な愛情を持って適切な養育を受けた子どもは，しっかりとした自尊感情を持つことができます。それは自分には生きている価値があるとか，他人は基本的に信頼できるといった，長い人生を生きていく上で極めて重要な

感覚です。しかし不適切な養育を受けた子どもは，基本的信頼が得られず不信が強くなります。養育者の精神状態が不安定であったり，子どもに愛情を抱いていなかったり，共感能力に乏しかったり，家庭環境に問題があったり，虐待や育児放棄をしたりした場合には，乳児は愛情に満ちて安心した環境で育つことができず，基本的信頼が得られなくなるのです。そうすると自分も他人も信じることができず，安定した人間関係を形成することが困難になるだけでなく，成長後に様々な心理的な問題が顕在化するリスクが高くなります。

●（2）幼児前期（自律性　対　恥・疑惑）　●

　2歳から4歳頃までの幼児期に相当し，自律性の獲得が発達課題です。自律性とは自分で自分を律すること，すなわち自己統制のことを指します。2歳を過ぎれば全身の筋肉が発達するので，排泄，歩行，着替え，食事などを一人で行うことが可能になります。排泄の訓練は，幼児が最初に直面する社会的ルールの訓練（躾）です。幼児は排泄の訓練などを通して自己統制を学び，それがうまくいけば自律性を獲得することができるようになります。それは自信にもつながります。しかし躾が厳しすぎたり，性急であったりすれば，叱責や失敗体験を積み重ねることにもなり，自律性を獲得することができません。むしろ無力感が生じ，自己統制感が失われます。また，自律できないことから恥の感覚が強くなります。あるいは，養育者から過剰に統制され支配されているのではないかという疑惑の感覚が強まることもあります。

●（3）幼児後期（自発性　対　罪悪感）　●

　4歳から6歳頃までの保育所や幼稚園等に通う時期に相当し，自発性の獲得が発達課題となります。言語能力と運動能力とが著しく発達するので，行動範囲が大きく拡大して，近所に仲のよい友だちができるなど対人関係も発展します。遊びが生活の中心であり，遊びを通して自発性が獲得されます。しかし遊びに熱中することすべてが，必ずしも大人に肯定されるわけではありません。いたずらが過ぎれば叱責されます。社会や家庭のルールに触れるようなことは禁止され，場合によっては罰せられます。子どもは養育者から期待されていることや禁じられていることを敏感に感じ取り，それを内面化することで道徳性

や良心が形成されます。養育者が自分の感情に任せて子どもを叱責したり，その時の気分で家庭内のルールを変更したり，ルールや罰を厳格にしすぎたりすれば，子どもは自発性を十分に発揮することができず，自発的な行動に対して罪悪感を持つようになります。そうなると，子どもらしさを欠いた生気のない消極的な子どもに育ちます。いわゆる「良い子」というのは，大人の願望や期待に沿ってくれるので歓迎されがちですが，心理的な健康面から考えると思春期以降に綻びが生じるリスクが高まるので注意が必要です。

●（4）児童期（勤勉性 対 劣等感）●

　6，7歳から12歳までの小学生の時期で，勤勉性の獲得が発達課題です。生活の場の重心が家庭から学校に移り，友だち関係の重要性が高くなります。学校生活を通して勉強や運動のほか，集団規範，感情統制，社会的スキルなどを学習します。同年齢集団の中に居場所を見つけ，家庭や学校での生活が順調であれば勤勉性を獲得できます。勤勉性とは，日頃から自分自身を律して努力を続ければ，その努力が報われて物事を達成できるという有能感（competence）のことでもあります。この時期の子どもは自己と他者との違いを意識し始めるので，学力や運動能力や社会性に劣る子どもは他者との比較を通して劣等感を抱きやすくなります。劣等感が強ければそれだけ自尊感情は低くなり，努力を放棄してしまい，勤勉性が得られなくなります。この時期の教員の役割は重要です。教員は子ども一人ひとりの個性や能力に目を配り，子どもたちが学校教育を通して強度の劣等感を抱かないように配慮をしなければなりません。

●（5）青年期（自我同一性 対 役割の混乱）●

　青年期は思春期にあたる12歳頃から20歳代後半頃までの時期で，自我同一性（アイデンティティ）の獲得が発達課題です。自我同一性とは，「自分は何者なのか」「自分の目指す道は何か」「自分の存在意義は何か」など，社会の中に自己存在を位置づける感覚のことです。この発達課題を達成するにあたり，理想の自己像と現実とのギャップに思い悩むことが少なくありません。課題が達成できれば「自分は自分である」という自信や自尊感情が生まれますが，思うように課題が達成できないと自分が何者だかわからないという感覚に陥ります。

その状態が役割の混乱（自我同一性拡散）です。役割の混乱に陥ると自己肯定ができず，未来の展望を描くことも難しくなります。その結果として無気力やひきこもり，非行，青年期境界例などの心理的問題を引き起こすこともあります。満足のいく仕事に就くことは，自我同一性の獲得の成否にとって非常に重要です。しかし，近年は就労しても数年で離職してしまい転職を繰り返すケースや，実家にひきこもってしまうケースが少なくありません。ひきこもりを自我同一性拡散に関連した問題として考えることもできます。

　青年期以前では，発達課題の達成の成否に周囲の大人（保護者や教員）が強い影響を与えており他者優勢でしたが，青年期ではそれが自己優勢に変わることに注意する必要があります。現在は，小学校と中学校の教員免許の併有が推奨されています。したがって，青年期以前と以降との違いを意識したうえで，児童や生徒との関わり方を考える必要があります。

●（6）成人前期（親密性　対　孤独）　●

　成人前期の発達課題は親密性の獲得であり，30歳前後から40歳頃までの時期に相当します。結婚や子育ての始まる時期で，エリクソンは，自分の自我同一性と他者の自我同一性とを融合することを親密性の獲得と呼んでいます[4]。これは共有された自我同一性の感覚を得ることでもあります。それが達成できない場合に孤立に陥り，それ以後の心理的成長が抑えられてしまいます。

●（7）成人後期（生殖性　対　停滞）　●

　40歳前後から65歳頃までの時期が成人後期であり，発達課題は生殖性の獲得です。生殖性という言葉には生物学的に子どもを産み育てるという意味だけではなく，養育や教育などを通して文化，技術，知識，思想，哲学などを次の世代に伝承するという意味も含まれています。子どもを育てることによって，自分自身が両親から受け継いできた文化を次世代に伝えていきます。生殖性と対立する危機が停滞です。生殖性は次世代への文化的な伝承という成果を得ることです。停滞はその反対で，伝承すべきものを託す相手が不在であることを示します。そのために不全感や無力感に陥ることがあります。その結果，自己の問題にのみ没頭するようになると考えられています。

●（8）老年期（自我の統合　対　絶望）●

　およそ65歳以降を老年期といいます。死を意識し始め，自分の人生を振り返る人生の締めくくりの時期です。発達課題は自我の統合であり，それは自分の人生を受け容れ，意味のあるものとして統合することです。自分の人生を受け容れられず，人生をやり直すには残された時間が少ないという気持ちは絶望を生みます。自我の統合が達成されることによって，円熟した穏やかな晩年を迎えることができるようになります。

4　道徳性発達の理論

　道徳性発達については，フロイト（Freud, S.：1856-1939）やピアジェらも論じていますが，その中でもコールバーグ（Kohlberg, L.：1927-1987）による道徳性発達の理論がよく知られています。コールバーグは道徳的判断を問う課題の回答を分析することで，道徳性発達を3水準6段階に分類しました。1つの水準の中にそれぞれ2つの段階があります。コールバーグによれば，道徳性発達はピアジェの認知発達の段階と同様に1つずつ順番に前の段階を包括しながら進んでいきます。一般的には年齢が上の子どもは下の子どもよりも高い段階の道徳性を示しますが，段階を進む速さは個人差が大きく，それは子どもの知能と生育環境に影響されます。個人によってはある一定の段階にとどまってしまうこともあります。教育によって1つ上の段階の道徳性を理解できても（例えば第4段階の子どもは第5段階の道徳性を理解することができても），それよりも上の段階を理解することは困難とされています。本節では，コールバーグの道徳性発達の理論を紹介します。

●（1）水準Ⅰ：慣習以前の道徳性●

　この水準では，道徳と権威が混同されており，自分の利益や欲求が優先されます。また自己中心性を脱しきれていないため，自分の行為が他者からどのように見えるかという他者視点に立った上での判断はなされません。したがって自分の行為に対する他者の反応は意識されず，あくまでも権威（親や教師などの目上の人）から罰せられるかどうかが道徳的な判断の基準となります。

1）段階1：罰と服従への志向

　行為の善悪の判断には行為の意図が斟酌（しんしゃく）されず，行為がもたらした物理的結果によってなされます。そして，罰の回避と権威に対する絶対的な服従が善悪の基準となります。

2）段階2：欲求充足志向

　この段階の正しい行為とは，自分自身の必要性や他者の必要性を満たすのに役立つ行為です。「自分に親切にしてくれたら親切にするが，意地悪をしたら意地悪をやり返す」など，善悪の判断が具体的な互恵性によってなされます。

●（2）水準Ⅱ：慣習的な道徳性 ●

　この水準では，自分自身の行為が他者からどう見られるのかを意識できるようになります。自己中心性を脱して，一般的な道徳的な判断について理解できるようになるのです。したがって，法や規則を守ることが社会の秩序維持につながり，それが自分自身の利益を守ることにもなることを理解しています。

1）段階3：良い子志向

　この段階では，他者の立場を理解することができるようになりますが，物事の善悪に従って道徳的判断をするのではなく，人を喜ばせ，人を助け，人から承認される行為が正しい行為とみなされます。

2）段階4：法と秩序志向

　この段階では，集団の秩序を維持するためには法や規則が必要なことを理解しています。そして正しい行為とは自分の義務を果たし，権威を尊重し，社会秩序を維持するための行為であるとされます。

●（3）水準Ⅲ：脱慣習的な道徳性 ●

　この水準では，社会の道徳的価値判断を絶対視せず，状況によっては法や規則からの逸脱をも是とする考え方ができます。すなわち例外の存在を認め，やむを得ない場合のルール違反を是認した道徳的判断が可能になります。

1）段階5：社会契約的遵法志向

　国や文化が違えば法律や慣習や規則が大きく異なり，道徳性の判断基準が1つだけでないことを理解しています。道徳性の決定は社会的契約の上に成り

立っており，社会的契約はその社会に属する人々がどのように法を制定するかで決まると考えています。

２）段階６：普遍的倫理原則志向

道徳性の最終段階では，すべての社会のすべての人々が何を望むのかという普遍的な視点を考慮に入れ，その視点からすべての社会が支持する普遍的倫理原則の明確化を試みます。何が正しいかは，普遍性と一貫性に基づいて自らが選択した倫理原則に従った良心によって決定されると考えています。

5 各理論の一体的な理解

最後にピアジェとエリクソンとコールバーグの理論を１つの表にまとめまし

表２－１ 生涯発達の諸段階とその心理的な特性

発達段階	年齢期間	認知発達 （ピアジェ）	心理・社会的発達 （エリクソン）	道徳性発達 （コールバーグ）
老年期	65歳以降		自我の統合 対 絶望	＜青年期後半以降＞ ※大学生以降 水準Ⅲ 脱慣習的な道徳性 　段階6 普遍的倫理原則志向 　段階5 社会契約的遵法志向 ＜思春期以降＞ 水準Ⅱ 慣習的な道徳性 　段階4 法と秩序志向 　段階3 良い子志向
成人後期	41~64歳		生殖性 対 停滞	
成人前期	31~40歳		親密性 対 孤独	
青年期	12，13~30歳	形式的操作期	自我同一性 対 　　役割の混乱	
児童期	6，7~12歳	具体的操作期	勤勉性 対 劣等感	水準Ⅰ 慣習以前の道徳性 　段階2 欲求充足志向 　段階1 罰と服従志向
幼児後期	4~6，7歳	前操作期 　直観的思考段階	自発性 対 罪悪感	
幼児前期	2~4歳	前操作期 　象徴的思考段階	自律性 対 恥・疑惑	
乳児期	0~2歳 1歳半~2歳 1歳~1歳半 8か月~1歳 4~8か月 1~4か月 0~1か月	感覚運動期 心的表象出現 第三次循環反応 第二シェマの協応 第二次循環反応 第一次循環反応 反射活動	基本的信頼 対 不信	

た。発達段階の年齢期間はおよその目安で，発達の速さには個人差があります。

第2章のまとめ

　第2章では特別の支援を必要とする子どもの発達を促すために「子どもの発達過程を理解する」ことを目的として，様々な発達理論を整理しました。

　この章では，ピアジェやエリクソン，コールバーグなどの発達理論を取り上げています。これは，「特別の支援を必要とする子ども」だけではなく，すべての子どもの理解に必要な事項でもあります。「5　各理論の一体的な理解」にそれぞれの特徴をまとめる形で整理をしました。発達心理学の内容と合わせて確認をしておきましょう。

　本章の学習内容について，復習を兼ねて以下の観点から整理しましょう。

① 発達の定義と「発達保障」の意義を整理してみよう。

② ピアジェの発達理論とエリクソンの発達理論について，それぞれの特徴と違いを整理してみよう。

③ 道徳性の発達について，それぞれの水準と構成する段階の特徴を整理してみよう。

④「特別の支援を必要とする子ども」に担任として関わる，あるいはクラスの子ども同士が関わる際，どのような点に注意・配慮する必要があるか，発達段階をふまえて考えてみよう。

■引用文献■

1）河合隆平：発達保障はどのようにして生まれたのか（丸山啓史・河合隆平・品川文雄：発達保障ってなに？），全国障害者問題研究会出版部，2012，pp.28-57

2）文部科学省：令和3年度児童生徒の問題行動・不登校等生徒指導上の諸課題に関する調査結果，2022

3）渡辺弥生：子どもの「10歳の壁」とは何か？ 乗りこえるための発達心理学，光文社，2011，pp.92-124

4）E・H・エリクソン（仁科弥生訳）：幼児期と社会 I，みすず書房，1977，pp.338-343

■参考文献■

・茂木俊彦：発達保障を学ぶ，全国障害者問題研究会出版部，2004

指導・援助方法のための基本的な視点

　第3章では，特別の支援を必要とする子どもを指導・援助する様々な方法のうち，就学前後で変化する指導・援助の観点や方法について整理します。特に特別の支援を必要とする子どもが様々なスキル（能力）を獲得するにあたって，関わる対象の子どもやその周囲へのアプローチの視点について学びます。

　第3章の内容を学習するにあたって，就学前の試行錯誤的学習と就学後の系統的知識伝達の考え方の再確認と「応用行動分析」を事前学習（予習）として調べておくと，理解がより深まるでしょう。

① 就学前の保育内容と就学後の教科指導の関係

●（1）就学前の保育内容に基づいた試行錯誤的学習を支える指導方法 ●

　第1章「6　幼児期から思春期・青年期までの教育の枠組み」でも触れましたが，幼児期の学びは“生活と遊び”を通して行われます。幼児にとっては，遊びそのもの，生活そのものが学びの過程であるという理解をするということです。なお，幼稚園教育要領等では，“幼児は環境を通して学ぶ”という説明の仕方がありますが，ここでは“生活と遊び”を中心に説明を進めていきます。

　ここでは，最近の幼稚園等で起きている幼児が学ぶ方法の変化について取り上げます。小学校へ入学した児童の指導にも役立つことでしょう。

　現在，幼稚園等の現場では，いわゆる「自由保育」と呼ばれる保育方法が模索されています。幼児の主体的で能動的な学びを保障する保育方法へ切り替えようとしているからです。この「自由保育」を実践している幼稚園等の現場では，教員等が幼児にあれこれと細かく指示を出さずに放任しているように見えてしまうかもしれません。詳しく知らない門外漢からすると，大人である教員

が幼児のやりたいことを好きなようにやらせてほとんど手を出さないように振る舞う様子を見て，「特に何も考えずに毎日過ごしているだけで，この幼児は将来望ましい人間として成長できるのだろうか」と疑問を持つ人もいるかもしれません。しかしながら，この方法は幼児の学びである"生活と遊び"を幼児自身が展開するための工夫として幼稚園教員が採用した方法なのです。この方法は，適切に行われることによって幼児のおどろくほどの成長や発達の姿を見ることができます。

　訓育と陶冶を目的とする指導・援助方法の原理原則を抽出・解明することが教育学の中心課題の1つであるとすれば，小学校教員（養成課程の学生を含む）も幼稚園等で採用が広がりつつある「自由保育」というやり方に対する幼稚園教員の志向性を読み解き，「自由保育」という方法を展開するにあたり参照する"保育内容"の中身をよくよく学んでおくことが，先々幼保小連携を実際に企画運営する際に役に立ちます。

　この保育内容には，それぞれの領域（5領域，p.18参照）ごとに"ねらい"と"内容"が定められており，幼稚園教育要領だけでなく，保育所保育指針や幼保連携型認定こども園教育・保育要領の各告示において3歳以上の幼児を対象とした内容が共通化されています。そこでは「〜を楽しむ」という表現が多用されており，子どもが主体となる述語で述べられる項目が多く，子どもの試行錯誤的な取り組みが保障されているといえます。また，5領域のそれぞれは独立性が低く考えられており，子どもの生活と遊びを複数の観点から解釈することを容易にしています。

　ところで，「幼児期の学びが"生活と遊び"を通して行われる」と説明しているところですが，この表現が今ひとつしっくりこないという人もいるかもしれません。しかし，心理学の知識（特に学習心理学）を参照すると生活することや遊ぶことが学びとなる理由がわかります。

　学習心理学では，学習の成立を行動の変容ととらえます。行動が変化したのであれば，そこに学習が成立したと考えるのです。幼児が日々の生活の中で繰り返し取り組むことで生じた振る舞いの変化は，まさに学習の賜物です。

　このように見てくると，就学前の幼児へ指導する方法として"生活と遊び"が重視されており，保育内容の5領域に示されている"ねらい"や"内容"に

ついては，教員が出過ぎないように幼児の"生活と遊び"に取り入れることが重要です。そして，幼児の試行錯誤を繰り返す様子を幼児の傍らで見守りつつ，幼児の興味・関心に沿った体験ができる環境を提供し，幼児が集中して取り組もうとする気持ちを支えるという方向性が見えてきます。つまり，幼児に対して受容的応答的な関わりを教員側が持つことで，幼児側の主体的能動的な活動を引き出すという形になっているのです。

●（2）就学後の学習指導要領に基づいた系統的学習を支える指導方法 ●

"生活と遊び"という方法で展開されてきた就学前の"学び"は，小学校へ入学した後にどのように変わるのかというと，"聴き取りと理解"という方法に変わります。"聴き取りと理解"という表現は，これまであまり校種間連携の話題においては用いられてきませんでしたが，就学前の学びのスタイルと比較して就学後（特に低学年）の学びのスタイルを言い表す際に該当してきます。小学生としての学年が進み，ひらがなやカタカナ，漢字と，使用することができる文字や記号，単語，熟語，等々が増加するに従い，"読み取りと表現"が"聴き取りと理解"に加えられてくるという順序です。

　さて，幼稚園での子どもの学びの内容が幼稚園教育要領に示されているように，小学校での子どもの学びの内容は小学校学習指導要領に示されています。よく「教科等」としてひとまとめになった表現をされていることから「教科」のことがどうしても注目されてしまいますが，「等」の部分（特別活動，特別の教科 道徳，総合的な学習の時間など）の重要性を認識する必要があります。なぜなら，教員の仕事は「教科の知識を子どもへ伝達し，子どもが教科の知識を使いこなせるようになること」だけではないからです。前項でも取り上げましたが，訓育と陶冶という教育の目的や働きという観点から考えていくと，各教科を通じて，成長に応じて望ましい立ち振る舞いができるために必要な知識や考え方を学び，特別活動を始めとした各教科以外の学習活動においてその試行錯誤を実践するものと理解されるからです。

　本項目名にある「系統的学習」については，各教科に対応してそれぞれに確立されているバックボーンの学問の知識を系統的に学ぶのだということを指摘したかったのではありません。むしろ，人間の発達という視点から，様々な体

験に紐づけられる知識と価値観の蓄積によって倫理的判断の質や内容が変化していく様子（これをここでは系統的学習と呼びます）をとらえて，教科指導と生活指導（生徒指導）の往還的な指導を意識的に組み立てていくことが必要ではないか，と考えるのです。

　そのように考えることで，就学以前の時期に保育内容5領域の見立てで育てられた幼児が就学後も「各教科」および「等」を構成する"特別の教科 道徳""特別活動""総合的な学習の時間"という多様な学びの時間の中で十全に学ぶ内容が継承されることになります。

●（3）保育を構成する「養護」の接続先 ●

　幼稚園教育要領を始めとした諸告示と小学校学習指導要領とのつながりを見出すにあたり，保育内容と各教科の間で取り扱われている内容の類似性が注目されてきました。例えば，保育内容（健康）は体育，保育内容（言葉）は国語，保育内容（環境）は算数や理科，保育内容（表現）は図画工作や音楽，という組み合わせで内容の類似性が確かめられることが多いようです。

　例示した保育内容の中に「保育内容（人間関係）」がありませんが，これは各教科の中に保育内容（人間関係）の内容を取り扱っている教科がないからです。ただし，各教科以外の「特別の教科 道徳」や「特別活動」，「総合的な学習の時間」などの枠組みがあります。筆者が確認したところでは，保育内容（人間関係）の内容は，特に「特別活動」と類似性が高いようでした。

　このように見ていくと，保育内容の5領域から小学校学習指導要領全体へ学びの内容は引き継がれているといえるのですが，各教科だけでは保育内容全体を引き受け切れていない，ともいえるでしょう。

　このことに加えて，考えておく必要があるのは，「養護」の取り扱いです。この「養護」とは，保育所で行われている保育を構成している大きな2つの要素の1つで"子どもの安心と安全を保障すること"です。保育所で行われる「保育」は「養護」と「教育」が一体的に提供されるものと保育所保育指針に示されていることがその根拠です。

　なお，幼稚園教育要領では「養護」という言葉は用いていませんが，教員と子どもの信頼関係の構築に言及しており，子どもとの関わりにおいて「養護」

の要素が重要であることを指摘しています。

　ここから指摘できるのは，まず，幼児期までの育ち（生きる力の基礎）が小学校以降の学びで向上させることを意図した「生きる力」に引き継がれるという点です。そしてそのために，「養護」と保育内容（人間関係）について小学校学習指導要領の各教科以外の「特別の教科　道徳」，「特別活動」，「総合的な学習の時間」で引き継がれることを意識することが大切になるということです。

② TEACCHの哲学

　TEACCH（Treatment and Education of Autistic and related Communication handicapped CHildren）は，アメリカ合衆国のノースカロライナ州が発祥の学習理論と認知理論を基礎とした自閉症療育のための方法論を持つ組織体です。1972年に設立され，日本には1993（平成5）年に佐々木正美が紹介しました。TEACCHは，自閉症や知的障害の程度が重い児童・生徒も対象者として視野に含むため，本書の主たる読者が想定する児童・生徒の姿とは重なり難いかもしれません。

　それでも本書で取り上げる理由は，様々な特性のある児童・生徒への日々の指導に役立ててほしい内容を持っているからです。その内容とは，“能力の伸長と環境の調整”，“「芽生え反応」の重視”，“脱構造化の実施”の3点です。

●（1）能力の伸長と環境の調整　●

　TEACCHが設立された当時，アメリカの精神医学分野（特に大都市圏）では自閉症発症の原因を親の育て方とする意見が優勢で，自閉症はカウンセリング等によって治るとされていました。しかし，TEACCHでは学習理論と認知理論に基づいた自閉症療育の実践の蓄積により，自閉症は治らないことを掲げます。そして，同時に自閉症の人は様々な技能を身につけることができることも主張します。これが「能力の伸長」の指導方針につながります。

　また，自閉症の人は，自閉症ではない人と周囲の環境の理解の仕方が異なるために自らの周囲の状況を適切に理解することが難しく，自閉的な行動（こだわりや常同行動）を取らざるを得ないという考えを示しました。そこから，自

閉症の人にもわかりやすい環境を整えることで，その問題を乗り越えられると説明されています。これが「環境の調整」の援助方針につながります。

　この２つのうち"指導方針"は教員に注目されることが多いと思いますが，"援助方針"も同時に展開することで相乗効果が得られます。そして，それがTEACCHの特徴的な指導・援助方法である課題の工夫（課題の組織化）や構造化（時間の構造化・空間の構造化）につながってきます。

●（2）「芽生え反応」の重視 ●

　「芽生え反応」は，TEACCHの実践の中から生み出された着目点であり，ヴィゴツキー（Vygotsky, L. S. : 1896-1934）が提唱した「発達の最近接領域」の考え方に非常に類似した内容を持っています。「芽生え反応」は，"できる"と"できない"の間にあって，少しの手助けによって"できる"になるような反応のことです。単純に"できる"と"できない"に分けるのではなく"できない"の中身を丁寧に詳しく見ていくことで"できない"の中に隠れている"できる"に最も近いことを指導目標にする，ということです。一人ひとりの児童・生徒の個別具体的な学びを保障していく際，一人ひとりの児童・生徒の「芽生え反応」を適切に把握しておくことは非常に重要になってきます。

●（3）脱構造化の実施 ●

　我が国でTEACCHが最初に注目された時，特殊教育の現場において脚光を浴びた知識は「構造化」に関するものでした。これは，指導場面での環境構成の重要性を意識することにつながりました。しかし，しばらくして「構造化を導入しても自閉症の状態像が固定化するのでよくない」という評価が一部でささやかれました。これは，「脱構造化」の過程に十分に取り組めていなかったからです。TEACCHでは「脱構造化」という言葉を用いていませんが，絶えず対象となる自閉症の人の構造化の状態を最適なものにすることとしています。

　能力の伸長と環境の調整の成果により，対象となった自閉症の子どもの芽生え反応は変化することになります。些細なことであるかもしれませんが，できなかったことができるようになったからです。同時にそれまでと異なる別の解決することが望ましい課題が見出されてきますので，その課題に向けた構造化

を改めて行うという脱構造化を図ることになります。PDCA（p.151参照）等の螺旋的な指導の展開が標榜されて久しいですが，構造化−脱構造化の往還的な支援の取り組みは，この螺旋的な指導の展開とも相性がよいものです。

③ 応用行動分析におけるABC分析

●（1）応用行動分析の基本的な考え方 ●

応用行動分析（ABA）とは行動療法の一技法で，スキナー（Skinner, B. F. : 1904-1990）によるオペラント条件づけの理論がベースとなっています。それは，人間の適応行動を増やして問題行動を減らす（除去する）ための行動変容の技法として広く活用されています。特に教育現場では，発達障害児や知的障害児の行動変容に有効であると考えられ，適用されています。

オペラント条件づけでは，人間を含めた動物の自発的行動（以下，行動）に対する強化が重視されます。「強化」とは行動の生起頻度を高める手続きのことで，具体的には行動に対する報酬（強化子，あるいは好子）を与えることです。強化子が与えられることで行動の生起頻度が高まり，その行動が維持されます。例えば子どもが自発的にお手伝いをした場合，その行動に対して親が褒めれば，子どもはさらにお手伝いをするようになるかもしれません。この場合は褒め言葉が強化子であり，子どもにとってそれがお手伝いという行動に対する結果になります。この行動に対する結果を後続事象といいます。

後続事象が快適なものであれば（または何らかのメリットがあれば），動物は行動の生起頻度を高めます。また動物が行動を起こす際には，何らかのきっかけが存在します。それを先行事象といいます。講義内容が退屈であれば大学生は私語を始めます。この退屈な授業が先行事象であり，私語が行動です。私語によって退屈さから逃れることができれば（後続事象），それにはメリットがあるので私語が強化され，その授業ではいつも私語をするようになるのです。

子どもの問題行動も，先行事象（antecedent），行動（behavior），後続事象（consequence）から成り立っています。応用行動分析では，この3つの機能を分析して，問題行動を減らし，適応行動を増やす方策を考えます。この3つの頭文字をとって，それをABC分析と呼ぶこともあります。

●（2）ABC分析 ●

　ABC分析の具体的な例をみていきます。発達障害のある子どもの中には授業中に大声をあげて授業を妨げるような行動をする子どもがいます。これをABCの図式で示すと図3－1のようになります。

　Aの先行事象はBの行動が起こるきっかけになります。そしてBの結果としてCの後続事象が生起します。Bの「大声をあげる」という行動に対して，Cの「みんなが注目する」という結果がBの問題行動を強化しているのであれば，Cを変える必要があります。具体的には，大声をあげてもみんなが注目するのをやめれば，大声をあげなくなるかもしれません。それは彼の行動に対する強化をやめるということでもあり，これを「消去」といいます。

　あるいは，もしも彼が大声をあげた時に教員が激しく叱責すれば，大声をあげなくなるかもしれません。これを罰といいます。罰を与えることを弱化とも呼び，具体的な罰の方法（叱責するとか叩くなど）を弱化子や嫌子と呼ぶこともあります。いずれにしろ罰は問題行動を減らすことに対して短期的には有効であっても，長期的には有害であることが多いと考えられています。罰を与えれば，授業中に大声をあげなくなる代わりに，学校に行くことを嫌がるようになるかもしれません。そう考えると罰を用いるよりは，適応行動の強化か問題行動の消去を用いるほうが好ましい結果が得られます。強化とは望ましい行動（適応行動）に対して強化子を提示する手続きのことです。この例の場合だと，本人が静かに授業を聞いている時や真面目に課題に取り組んでいる時に，教師が注目して褒めるようにすると，それが本人にとっての強化子となり，適応行動が増加するかもしれません。

　また，応用行動分析では，先行事象に工夫を凝らすこともあります。先の例では算数の授業中に大声をあげることを問題行動としましたが，それが他の授

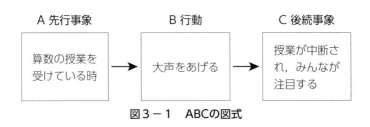

図3－1　ABCの図式

業でもみられるのか，それとも算数の授業だけなのかなど，様々な角度から問題行動が起きる状況を分析する必要があります。子どもによっては課題が解けなくて大声をあげることもありますし，授業に退屈して叫ぶこともあります。前者の場合には補助教員を配置して課題を一緒に解くことで，後者の場合には座席を教員の近くに移すことで問題行動が減るかもしれません。このように，問題行動が起きないように先行事象に工夫を凝らすことを環境調整といいます。

　応用行動分析とは，問題行動が起こる状況を分析して（ABC分析），先行事象に対するアプローチ（環境調整）や行動に対する強化や消去を行うことで，問題行動の低減と適応行動の増加を図る臨床心理学的な技法なのです。

4　カウンセリングの基礎と支援場面への適用

●（1）カウンセリングとは　●

　カウンセリング（counseling）とは，言語的および非言語的コミュニケーションを通して，比較的に健康度の高いクライエント（利用者）を対象に，問題解決や人間的成長や健康促進を目的にして行われる心理的援助のことです[1]。現代のカウンセリングは，来談者中心療法を提唱したロジャーズ（Rogers, C. R. : 1902-1987）の理論に多大な影響を受けています。ロジャーズは，クライエントが自己探求をする場を提供して，自己実現を促すように援助することがカウンセリングの目的であると主張しました。そして，カウンセラーの3つの態度を重視しました。それは①共感的理解，②無条件の肯定的尊重，③自己一致の3つです。カウンセラーにこの3つの条件が備わっていることによって，クライエントが自分自身を受容（自己受容）するようになり，人間的成長が促進されると考えました。まずはこの3つの条件について説明します。

1）共感的理解

　共感とは，他者の閉ざされた知覚の世界に入り，それに十分に精通することです。その内面に刻々と流れ変化し続ける体験の意味合いについて一瞬たりとも怠ることなく敏感に注意を払うことでもあります。一時的にその人の内面的世界に入りますが，善し悪しの判断は控え，クライエントに寄り添います。

2）無条件の肯定的尊重

クライエントの全人格をありのままに肯定・受容する態度であり，無条件にクライエントの人間性そのものを尊重することです。

3）自 己 一 致

透明性や純粋性ともいいます。カウンセラー自身の内側に流れる感情や思考といった即時的な経験に対して，カウンセラーが防衛的にならずにオープンでいる態度のことです。

これら3つの条件は，クライエントに対する思いやりを持った理解（共感的理解），大切に思う気持ちと尊敬（無条件の肯定的尊重），自分自身に対する偽りのない率直性（自己一致）を示しています。ロジャーズは，この3つの中で援助関係においては共感的理解が最も重要であるとし，それは技法ではなく態度（a way of being）であると述べています[2]。

●（2）カウンセリングの技法 ●

カウンセリングでは傾聴が重視されます。クライエントの話を正確に理解して，カウンセラーが理解した内容をわかりやすい言葉で伝達し，クライエントとの信頼関係（ラポール）を形成するための技法（傾聴技法）があります。傾聴技法は以下の4つです[3]。

1）明 確 化

クライエントのあいまいな思考や感情，行動，態度を明確にするための技法で，事実確認でもあります。「～についてもう少し詳しく話していただけますか？」「あなたのおっしゃっていることは～ということなのですね」などとクライエントの発言内容を確認します。

2）感 情 反 映

クライエントの感情に焦点を当ててフィードバックをする技法です。つまりクライエントの気持ちをカウンセラー自身が自分の言葉で表現して情動共感（affective empathy）を示します。クライエントが実際に言語化した感情だけでなく，言語化できずにいる複雑な感情や半無意識的な感情も察知してフィードバックをします。「あなたはこのことに～と感じているのですね」や「その

ことで～という気持ちになられたのですね」などの言葉を用いて，クライエントの感情を言葉で伝えます。

3）言い換え

クライエントが語った出来事や思考，判断などの感情以外の事実に着目して，その核心となる部分を別の言葉で表現する技法です。つまりクライエントの発言内容から感情以外の情報について意訳をほどこして伝達します。「言い換えると～ということですね」「おっしゃっていることは～ということなのですね」「何が起きたかというと～なのですね」などの言葉を用いて，認知共感（cognitive empathy）を示します。そうすることで，クライエントの視点や価値観，問題の重要点が明確になります。

4）要　　約

クライエントの発言が複雑で混乱しているような時に，感情反映と言い換えを同時に用いて発言内容をまとめるのが要約です。なるべく短く的を射た応答を心がけます。発言内容を簡略化して整理することで，問題やテーマが何であるかが明らかになります。「話していることをまとめますと～」や「３つのことをおっしゃっていますが，それらは～」等の言葉を用いて要約を行います。

傾聴技法のほかに，カウンセリング関係が深まった時に用いられる活動技法もありますが[4]，いずれの技法もクライエントに対するカウンセラーの共感的理解がベースとなっています。カウンセラーがクライエントに対して寄り添う気持ちで，的確な共感を示すことで信頼関係（ラポール）が成立します。まず両者の信頼関係があって初めて，クライエントは自己の内面を安心して探求するようになり，それが人間的な成長（自己実現）につながるのです。

●（3）カウンセリングの教育現場での適用 ●

カウンセリング以外の対人場面で，カウンセリングの理論や技術を活用しようとする姿勢のことをカウンセリング・マインドといいます。1980年代から1990年代にかけて日本の教育現場で注目されたこの言葉は，必ずしも子どもの問題行動に効果があるわけではなく，むしろ問題行動の助長や教員の役割混乱を招く危険があるとして批判もされました[5]。1980年代の教育現場では校内暴力が吹き荒れ，平然と体罰を行う強圧的な教員もいました。カウンセリング・

マインドは，その反動や反省から期待を受け，脚光を浴びたとも考えられます。

　しかし，カウンセリング・マインドがまったく無意味で有害というわけではありません。子どもが教員に相談をしてきた時には，真摯に子どもの内面に寄り添って共感的に話を聴くことには意味があります。その際にロジャーズのいう3つの条件を心がけるとよいでしょう。子どもを思いやり，尊重し，率直な気持ちで話を聴くのです。子どもに何かを質問する時には，その質問の意図をよく吟味して，できるだけ無駄な質問を避けるようにします。助言をする時にもそれが本当に相手のためになるのか，また相手にどういう影響を与えるのかをよく考えた上で行う必要があります。話し手の内面に焦点を当てて，洞察を促すように話を聴くのがカウンセリングです。専門的な立場から助言をするのはコンサルテーション（相談）です。学習上の動機づけを高め，学習目標を把握させ，その目標に向かって知識や技術を身につけるように導き，援助するのがガイダンスです。これらを区別した上でそれぞれを使い分け，相談活動にとり入れることが有意義な援助につながるのです。

5 相談援助の基本と指導場面への援用

●（1）相談援助とは●

　指導・援助方法の視点として教員志望の学生や現場の教職員が学んでおいたほうがよいと考えられる事項の5つ目は，「相談援助」です。実は，この相談援助が規定されている法律は，教育の分野とは関連のない「社会福祉士及び介護福祉士法」です。この法律の第2条では社会福祉士の業務内容を規定しているのですが，その条文の中に「相談援助」の言葉が登場してきます。

> **社会福祉士及び介護福祉士法**（下線は筆者）
> **第2条**　この法律において「社会福祉士」とは，（中略）専門的知識及び技術をもつて，身体上若しくは精神上の障害があること又は環境上の理由により日常生活を営むのに支障がある者の福祉に関する相談に応じ，助言，指導，福祉サービスを提供する者又は医師その他の保健医療サービスを提供する者その他の関係者（第47条において「福祉サービス関係者等」という。）との連絡及び調整その他の援助を行うこと（第7条及び第47条の2において「相談援助」という。）を業とする者をいう。

　この条文から，相談援助とは関係者を取り持つための「連絡及び調整その他の援助を行うこと」といえます。社会福祉士の養成においては中核的な専門知識・技能であり，相談援助はソーシャルワークと同義と考えられています。

　このような元々教育の分野とは異なる分野の専門知識・技能を学んだほうがよいと指摘する理由は，教員にも相談援助の知識・技能を持っていたほうがよいと考えられる状況になっているからです。

　具体的な例をあげると，「特別支援教育コーディネーター」という校務分掌がありますが，その業務を遂行するためには相談援助の知識・技能を理解しておくほうがその業務をより円滑に進められるでしょう。

●（2）バイステックの7原則 ●

　社会福祉学において，古典的な相談援助の原理原則として取り扱われているのが，バイステック（Biestek,F.P.：1912-1994）の7原則です。現在の社会福祉学の関係者の中には，ソーシャルワークの実践を展開するにあたり，バイステックの7原則はクライエント・システムではなくクライエント個人に焦点を当てており，クライエントの周囲にいる私的な援助を提供し得る家族や支援者を含めた総体（このことをクライエント・システムといいます）をサポートする視点が不足しているといいます。

　しかしながら，現在の学校教育の枠組みを考えると，担任教員が児童・生徒の情報を保護者から得るという行動を想定することはできますが，保護者の抱える問題に直接担任教員が介入や干渉をすることはありません。そのため，バイステックの7原則から相談援助技術（ソーシャルワーク）の考え方を学ぶことが適切であると考えました。

　また，ソーシャルワークの技法の中にはカウンセリングとつながるところもあります。一度，カウンセリングで重要視する要点とソーシャルワークで重要視する要点とを見比べてみたり，カウンセリングとソーシャルワークの問題の引き受け方（インテークと呼ばれる手続きのこと）の違いを調べてみたりするとよいでしょう。

　以下に紹介する7つの原則は，上述のようにクライエント個人に対する考え方・関わり方という限界はありますが，担任することになる一人ひとりの子ど

もを「個」として理解する助けとなります。また，保護者や他の関係者との連携を取る必要が出てきた際は，この7原則の限界を意識しながら当事者となっているすべての関係者を丁寧に見ていくことを心がけるとよいでしょう。

1）個 別 化

クライエント（学校現場への適用は子ども。以下同じ）の抱える問題等は，一見似ているように見えても，一人ずつ異なっていると考えます。

2）意図された感情表現

クライエントの自由な感情表現を認め，保障します。リラックスできる環境づくりや話しやすい雰囲気づくりを目指すことが多いですが，当然，ネガティヴな感情表出も保障します。

3）統制された情緒関与

援助者（学校現場への適用は教員。以下同じ）が自らの感情の動きに飲み込まれず，統制できるようにすることです。上述の「意図された感情表現」と対として理解することが望ましいでしょう。

4）受 容

クライエントの考えや感情について，ありのままに受け止めることです。一部では，「受け入れる」という説明の文献がありますが非人道的行為や自傷他害など許されない内容を含む場合があることから「受け止め」を勧めます。

5）非審判的態度

援助者がクライエントの行動や考えについて，善し悪しの評価を表明しないことです。しかし，子ども自身が主体的・能動的に学ぶことを援助するためには，必要な考え方といえます。

6）自己決定

クライエント自身が自らの問題解決に際して決定権を持っており，そのことを尊重することです。

7）秘 密 保 持

クライエントの個人情報を始めとする秘密は，適切な要請と手続きを経た場合以外，外部へ漏らしてはならない，ということです。

●（3）ケースマネジメントとケアマネジメント　●

　相談援助技術そのものではありませんが，ソーシャルワークの実践を学校現場へ適用するにあたって，「ケースマネジメント」から「ケアマネジメント」へ，援助の考え方が拡大したことは知っておいてよいでしょう。そして，「ケースマネジメント」と「ケアマネジメント」の考え方とその違いを知ることで，さらに子ども一人ひとりを個として見る視点を豊かにできます。

　ケースマネジメントとは，読んで字の如く「ケース（事例）」を「マネジメント（管理・統制）」します。事例という対象を管理する発想ですから，医療者が患者を管理・統制する感覚と同じです。教育現場でこの発想を適用すると，生活や学習上の困難の原因が一人ひとりの子どもにあるので，困難を持つ子どもの行動を管理・統制して対処していこうとする方向性が強調されます。

　一方，ケアマネジメントは，「ケア（介入や援助）」を「マネジメント（管理・統制）」します。ケースマネジメントと異なり，一人ひとりの子どもを統制していこうとするのではなく，関わり方である「ケア」を統制していこうとします。子どもの生活上や学習上の困難が，援助者の関わり方によって変化し得ることに注目する考え方になります。

　この“ケア”をマネジメントするという発想は，“特別な教育的ニーズ”に注目する特別支援教育の考え方と高い親和性があります。“特別な教育的ニーズ”の視点は，生活上学習上の困難の所在を子どもの内側にも見出しますが，同時に指導者や援助者の関与の仕方という子どもの外側にも見出そうとします。この“対象者の外側”に原因を求める手続きを踏むという点が重要です。

　バイステックの7原則の実践導入と併せて，具体的な子どもとの関わり方を検討することができるとよいでしょう。

第3章のまとめ

　第3章では特別の支援を必要とする子どもが様々なスキル（能力）を獲得するにあたって，子どもやその周囲へのアプローチの視点について整理しました。

　この章では，関わり手として，子どもの指導・援助をする上での基本的な姿勢や技法を取り上げています。これは，就学前後での学習系統の変化と子どもの状態を見極めることが「子どもの理解」には必要となるためです。また，関わり手の守秘義務に触れる内容にも言及しています。子どもへの指導・援助とともに関わり手が守るべき事項も確認しておきましょう。

　この章の学習内容について，復習を兼ねて以下の観点から整理しましょう。

① 幼稚園等から小学校への学びの接続の重要性と意義を整理してみよう。

② TEACCHとABC分析の特徴を整理してみよう。

③ ロジャーズの「3つの条件」と傾聴技法をもとに，子どもとの信頼関係（ラポール）形成の重要性を整理してみよう。

④ 指導・支援におけるカウンセリング技法の活用方法を整理してみよう。

⑤「特別の支援を必要とする子ども」に担任として関わる，あるいはクラスの子ども同士が関わる際，どのような点に注意・配慮する必要があるか，「バイステックの7原則」をふまえて考えてみよう。

■引用文献■

1）高橋美保：カウンセリング（下山晴彦編集代表：誠信 心理学辞典［新版]）誠信書房，2014，pp.365-368

2）大谷彰：カウンセリングテクニック入門，二瓶社，2004，pp.7-9

3）前掲書2），pp.25-40

4）前掲書2），pp.41-58

5）金原俊輔：カウンセリング・マインドという概念および態度が日本の生徒指導や教育相談へ与えた影響 主に問題点に関して，長崎ウエスレヤン大学地域総合研究所研究紀要，13 (1)，2015，pp.1-12

■参考文献■

・柴田義松編：新・教育原理〔改訂版]，有斐閣，2003

・E.ショプラー・佐々木正美監修：自閉症の療育者—TEACCHプログラムの教育研修，神奈川県医療福祉財団，1990

・佐々木正美：自閉症児のためのTEACCHハンドブック，学習研究社，2008

・松本寿昭編著：社会福祉援助技術，同文書院，2010

・白澤政和：ケアマネジメントハンドブック，医学書院，1998

第4章 身体の不自由さから生じる困難の理解

第4章の学習にあたって

　第4章では，「身体の不自由さから生じる困難」として，視覚障害，聴覚障害と肢体不自由について説明します。本章では，それぞれの障害の概要を発生要因や検査方法をふまえて説明した上で，状況に応じた指導・援助と支援方法を説明します。

　第4章の内容を学習するにあたって，「視力検査」「聴覚検査」の意味や「肢体不自由のある子ども」とはどのような子どもなのかを事前学習（予習）として調べておくと，理解がより深まるでしょう。

1　視覚障害の理解と指導・援助

（1）視覚障害の理解

　視覚障害は一般的に視機能の永続的な低下を指し，短期間に回復する場合はこれに含めません。視機能とは，視力，視野，色覚，光覚，眼球運動（注視や追視，輻輳_{ふくそう}，開散など），調節，眼圧などの眼球の各種機能をいいます。つまり，視覚障害は視力の障害のみを指すのではなく，視野障害や色覚障害（色覚特性の異常，または色覚多様性），暗順応障害，眼球運動障害なども含まれます。

　視覚障害を教育的にとらえた場合には，未熟児網膜症や白内障，視神経萎縮などの視覚の疾患に伴い，眼鏡やコンタクトレンズによっても通常の文字や図形の視覚による認識が不可能または著しく困難である場合を指します。これを視力値で記すと「おおむね0.3未満」と表現されますが，このことは視覚障害という障害やそれに伴う困難を，その障害特性のみならず子どもが生活する環境との相互関係の中でとらえることを意味しています。

1）視覚の定義と眼球の構造と機能

　視覚は形態刺激（色や形，明るさからなる刺激）を眼球から取り込み，網膜レベルで電気刺激に変換します。その変換された電気刺激は視神経などによって後頭葉に伝達され，そこで解析されます。その解析された情報をもとに主に脳の高位中枢でつくり出される感覚を視覚といいます（図4－1）。したがって，視覚は脳で生じる感覚であって眼球で生じるものではないことがわかります。

　以上から視覚障害は，形態刺激を受容して電気刺激に変換する眼球から，その電気刺激を伝達して解析する高位中枢までのどこかの部分に疾病や機能低下が生じることによって，見えない，あるいは見えにくい状態が生じたことの総称ということになります。

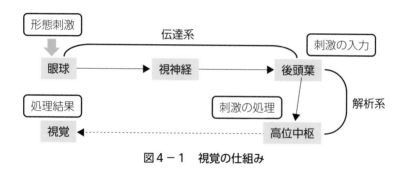

図4－1　視覚の仕組み

　図4－2は，頭上から見た右目の断面図です。一般に「黒目」と呼ばれる部分は角膜で，実際には透明です。その奥（後方）には茶褐色の虹彩があり（「茶目」と呼ばれることがあります），その中央部分には，光の入り口である「瞳」と呼ばれる部分があります。これは瞳孔で，網膜に達する光の量によってその大きさが変化するようにできています。

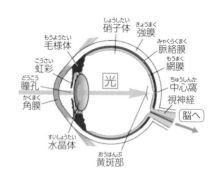

図4－2　眼球の構造と各部の名称

すなわち，角膜から見える虹彩と瞳孔の部分が「黒目」と呼ばれる部分ということになります。ちなみに，「白目(しろめ)」と呼ばれる部分は，強膜です。相手の目を外側から観察（あるいは自分の目を鏡に映して観察）できるのはここまでです。

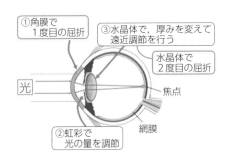

図4－3　眼球の働き（屈折と調節）

　その奥の仕組みと働きは，図4－3のようになります。まず，眼球で受容した光は角膜で1度目の屈折が行われ，次に虹彩で取り入れる光の量を調節します。そして，水晶体（レンズ）の厚みを変えて遠近調節を行います（ここで2度目の屈折が行われます）。こうした一連の働きによって網膜の中心窩に像が結ばれ，光という物理刺激が網膜で電気刺激に変換されて視神経へ送られるようになります。なお，水晶体の厚みを変えることによる遠近調節は，遠くに焦点を合わせる場合は水晶体を薄くし，近くに焦点を合わせる場合は水晶体を厚くします。

2）視覚障害の困難さの程度

　① 弱視の子どもの場合　　弱視と一口にいっても，その見え方（またはその困難さ）には個人差があります。同じ程度の視力の子どもであっても，屈折異常の状態やまぶしさを感じる程度，視野の広さ，中心暗点の有無等が個人差を相乗的に大きくします。弱視の子どもの見え方やその困難を理解することは，実際の指導を計画し実行していく上で何よりも大切です。以下には，弱視の子どもの見えにくさをつくり出している主な要因について説明します。

　まずは，「ぼやけ」があります。これは主に近視や遠視，乱視などの原因となる屈折異常により生じます。カメラのファインダーを覗いてフォーカスの調整がうまくいかなかった時の見え方をイメージしてみてください。次に，「コントラスト低下」があります。これは，硝子体混濁などで生じます。透明度が様々なビニール袋やセロファンを通して景色を見ると，かすんでよく見えなくなる状態をイメージしてみてください。そして，「視野周辺の見えにくさ」があります。これは網膜色素変性症などの視野狭窄(きょうさく)などで生じます。筒状のもの

から覗いて周囲を見ようとすると，見える範囲が極端に制限されて見にくい状態となることをイメージしてみてください。さらに，「視野中心の見えにくさ」があります。これは，黄斑変性症などによる中心視力の低下から生じます。眼鏡の中心部分を黒く塗りつぶした状態で周囲を見ると，視線を真っすぐに向けた状態では見えづらいことがイメージできるのではないでしょうか。この要因を抱える子どもは，視力が極端に低くなるのみならず，視線を真っすぐに向けてものを見ることができにくいので，首を傾けたりあらぬ方向を見たりする（よそ見をする）ような姿勢で見ようとすることがあります。これらの他にも「まぶしさや暗さへの対応困難」や，眼球が揺れるために文字や図形が見えにくくなる「振とう状態」といった要因もあります。

　弱視の子どもは以上のような要因によって見えにくさを抱えていますが，加えて心得ておかなければならないのは，多くの弱視の子どもたちは，そうした要因を複数抱えているということです。このことによって，見えにくさの個人差が大きくなるのみならず，子どもたちの状態像が複雑になります。

　②　盲の子どもの場合　　視覚をほとんど（あるいは全く）利用することができない子どもは，盲と呼ばれます。しかし盲といっても視力がゼロ（0）とは限らず，明暗がわかる子ども，眼前のものが動く様子がわかる子どもがいます。以下にはそうした盲の状態像について説明します。

　光を視覚によって全く感じとることができない，すなわち明暗を区別することが困難な状態を「全盲」といいます。この状態とは反対に明暗を区別することができる状態は「光覚弁」といいます。明暗の区別ができることは移動に大きく役立ちますし，光によって昼夜の区別をつけることが可能となる場合があるので生活リズムを整えることにも役立ちます。また，眼前での手の動きがわかる状態を「手動弁」といいます。手動弁の子どもの目の前を通ると，さっと手をのばしてきてこちらの洋服をつかんできたり，眼前に玩具等を提示して動かすと，その玩具に手をのばしたりする様子がみられることがあります。「見えないのにどうして？」とおどろきますが，明るさを感じとる中での眼前の人やものの動きによるコントラスト（影やその動き）から，そのような行動を起こすことが可能です。そして，眼前の指の数を弁別できる状態を「指数弁」といいます。「眼前の指の数がわかるのだから，拡大した文字を視認することが

できるのでは…」と思うことがありますが，指数弁でも文字を視覚でとらえて
読むのはなかなか難しいことのようです。以上の盲の状態が出生時あるいは生
後早期に生じた場合は先天盲といい，それ以降に盲となった場合を後天盲とい
います（弱視についても同様に先天と後天があります）。

　このように視覚の利用が難しい盲の子どもは，日常生活や学習場面でとりわ
け次のような困難に遭遇します。すなわち，周囲の環境を把握することに大き
な制限が加わるために経験が乏しくなります。これによって，概念の形成や知
識の習得に制約を受けます。一般に，年齢が低いほど視覚からの情報によって
物事の概念を形成したり具体的知識を習得したりすることが多いといわれてい
ますので，特に先天盲の子どもは上記において非常に大きな影響を受けること
になります。さらに，盲の子どもは視覚的な模倣ができないために，日常生活
に必要な様々な動作や技術の習得に制約を受けます。目の見える子どもは，周
囲の人々がすることを自発的に模倣したり，偶発的に生じた出来事を目にした
りすることで様々な動作・技術，それらにまつわる知識を習得していきますが，
全盲の子どもは（場合によっては弱視の子どもであっても），上記のように模
倣が難しかったり，それ以前の視覚を用いた観察が難しいので，大人（教員な
ど）が意図的かつ系統的に一つひとつ教えていくことが必要になります。

●（2）視覚障害のある子どもへの指導・援助 ●

　視覚障害のある子どもへの指導・援助と一口に言っても，子どもの状態像に
よって全く別の働きかけを求められることがあります。弱視の子どもは保有視
力があるので，その保有視力を使っていかに外界へアクセスしていくかという
視点が指導者に求められます。そのためには，その子どもの見やすい状態を整
えることが重要で，子どもに見せたいもの（または子どもが見ようとしている
もの）を拡大・縮小する，高いコントラストをつける，単純化する，明るさを
調整するなどの配慮を子どもの見え方に応じて実行します。また，弱視レンズ
などの視覚補助具やコンピュータ等の情報機器，拡大教材，触覚教材などを活
用することも必要となります。弱視の子どもには，こうした配慮や工夫を行い
ながら子ども自身の見る力を高めることに主眼をおいた指導が大切です。その
際には，子どもが見ることの楽しさを味わい，見ようとする意欲が高まる活動

を実施することを心掛けてください。また，指導は系統的かつ継続的に実施し，子どもの視覚的認知能力の向上を図ることが重要です。以上を通して，子どもが保有視力を活用して主体的に学んでいく姿勢を育てることの延長上に文字（墨字）の学習やそれを介した教科の学習が位置づいてきます。

　盲の子どもの場合は視覚を利用することができないので，主に触覚と聴覚を使っていかに外界へアクセスしていくかという視点が指導者に求められます。そのためには，触覚教材やコンピュータ等の情報機器，音声教材等の各種教材の活用を通して，子どもの情報収集とその整理が自力で容易にできるように働きかけていくことが重要です。先にも述べたように，盲の子どもは行動の制限や経験の不足が生じるため，周囲の環境（とりわけ教室内の様子）について教員が子どもにとってわかりやすい言葉，具体的な言葉で説明するといった情報保障が必要となります。また，概念の形成や知識の習得に関しては，視覚情報を音声化または点字化して伝えるようにします。その際，言語化した情報とその意味内容がその子どもの中で具体的な事物・事象と結びつくように，提供する言語情報を吟味しなければなりません。最後に，動作や技術に関しては，教員が子どもの手を実際に取って教える，反対に教員が行う動作を子どもに触らせて教えるといった働きかけが求められ，その際には共同的な活動として一緒に動作を行うことが重要です。また，それらの動作に言葉（名前や説明）を添えるとともに，ゆっくりと時間をかけて何度も繰り返すことも重要です。

　こうした指導・援助の中で，盲の子どもは環境（校内のものや人）への安心感を持つようになり，触覚によって外界へ働きかける動機をふくらませます。そしてこうした安心と動機を支えにして，触運動を高度に調整することで可能となる点字獲得の学習とその点字を介した教科の学習が可能となります。

② 聴覚障害の理解と指導・援助

●（1）聴覚障害の理解 ●

1）聴覚器官の構造と機能

　聴覚器官は，外耳（耳介・外耳道など）と中耳（鼓膜・耳小骨・耳管など），内耳（蝸牛・半規管など），聴覚伝導路，聴覚中枢からなります[1]。音は波の

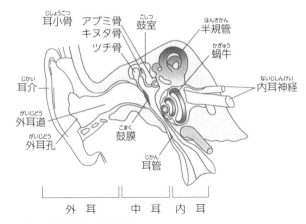

※内耳は模式的に拡大描記。

図4－4　外耳から聴覚伝導路まで

（宇高二良・長嶋比奈美・加藤哲則編著：聞こえの困難への対応，建帛社，2021，p.14）

一種で，その波の振動が空気中を通って耳介から耳の中へと伝わります。外耳を通って音の波は鼓膜へと届き，中耳で振動が増幅されます。そして内耳の蝸牛で神経を伝わる電気信号に変換され，内耳神経から聴覚伝導路を通って大脳の聴覚中枢へ伝達されます。最終的には，脳で伝達された情報を分析して音の意味を認知・理解することができます。

　聴覚器官の障害部位によって伝音難聴（外耳・中耳）と感音難聴（内耳以降）に分けられ，この両者が併存することを混合性難聴といいます[1]。どれくらい音を認知・理解できるかは，個人差があります。例えば救急車のサイレンが鳴った時に，同じ難聴の程度の場合でも，音に気づいたが救急車とはわからない人もいれば，救急車を連想し走行している方角まで見当をつけられる人もいます。このことは，難聴の種類や程度に加えて，音と事象をどの程度結びつけて理解しているかという聞こえの学習の状況も影響します。

２）純音聴力検査とオージオグラム

　聴覚に関する検査は，いろいろ存在します。その中で，私たちが健康診断等で一般的に多く経験する検査は，純音聴力検査です。また，その結果を表すものが，オージオグラムです。オージオグラムの縦軸は聴力レベル（dB：デシベル）を表し，横軸は周波数（Hz：ヘルツ）を表します。図4－5の○は右

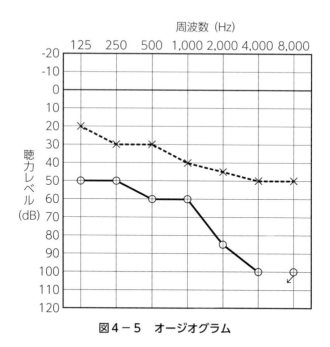

図4-5　オージオグラム

耳の気導閾値（検査音が空気を通って聞こえる最小の聴力レベル），×は左耳の気導閾値，矢印（↙）はスケールアウト（検査音が最大でも聞こえないこと）を表しています。

3）聴覚障害の程度と困難さ

　聴覚障害の程度と困難さの概要は，表4-1の通りです。重度難聴の中で，100 dB以上を「ろう」としています。これらに加えて，片側が難聴により音源の位置を特定することに困難を示す一側性難聴や，聴力は正常でも聞いた言葉を理解する等の困難がある聴覚情報処理障害なども，注目されてきています。

　聞こえの困難さを把握する時には，聴覚障害の程度とともに，どの程度音声が明瞭に聞こえているかを検査するとよいでしょう。この聞こえの明瞭度を検査する際には，語音聴力検査が用いられます。この検査を通して，単音節や単語・文等の言語音を聞いて，聞き取りや聞き分けの力を推測できます。

　聞こえの困難さに対しては，聴覚障害の状態等や本人および家庭の考えに応じて，補聴器や人工内耳などを利用します。また，騒音や反響音，音源からの

表4-1 難聴の程度と聞こえなどの状態

難聴の程度	聞こえなどの状態
軽度難聴 25~40 dB 未満	離れたところの会話の聞き取りが困難で，教室が騒がしいと，会話の10%程度を聞き落としたり，友だちの速い会話についていけなかったりする状況などがあります。35dBを超えると，学級討論などで半分程度聞きもらす場合もあります。
中等度難聴 40~70 dB 未満	裸耳では，40~54 dBで大きい声で正面から話してもらえれば会話を理解できますが，普通の会話では50%以上，50 dBで80%は聞き落とすことがあります。55 dB以上では，大声で話しても会話を理解できないことが少なくなく，後方の会話に気づけないことが多いです。また，グループでの会話はより困難となります。補聴器の装用を検討しましょう。
高度難聴 70~90 dB 未満	非常に大きい音か，補聴器装用だと，部分的に会話を聞き取れることもあります。しかし，会話が聞き取ることができても，音や音声のみの情報だけでは十分に理解できないことが少なくありません。
重度難聴 90dB 以上	適合した補聴器を用いれば，音声の韻律情報は聞き取れることもあります。人工内耳の適応にもなるため，装用の検討をする場合があります。

（廣田栄子編著：特別支援教育・療育における聴覚障害のある子どもの理解と支援，学苑社，2021，p.11を一部改変）

距離を補う手段として補聴援助システム[2] を併用することにより，保有する聴力を最大限に活用できるようにします。

　ここまでをまとめると，聴覚障害の程度や聞こえの明瞭度の違いから，聞こえ方は一人ひとり異なります。例えば，表4-1の高度難聴のような場合でも，補聴器や補聴援助システムを効果的に利用することにより，おおよその話の内容を理解できる子どももいます。

　一方で，重度難聴のため人工内耳の手術を受けて30 dB程度の音が聞こえるようになっても，聞こえの学習が十分でないために，話の内容をなかなか理解できない子どももいます。そうしたことから，子ども一人ひとりがどのような聞こえの状態でどのような困難さを感じているかを，教員は丁寧に把握することが重要です。

4）多様な方法でのコミュニケーション

　聴覚に障害のある子どもの聞こえは一人ひとり異なり，また，コミュニケーションの方法も一人ひとり異なります。音声，文字，手話，指文字，キュード・スピーチ（日本語の音韻を母音の口形と子音を記号で表しながら話す方

図4－6　手話の種類

(松岡和美：日本手話で学ぶ手話言語学の基礎，くろしお出版，2015，p.10を改変)

法)³⁾などの方法を，単独または組み合わせて用います。近年の技術革新により，スマートフォンやタブレット端末を使用した音声認識も活用されるようになってきました。

　手話は，日本語の語順に合わせて表現する日本語対応手話と，独自の語彙や文法体系で表現する日本手話に分けられます（図4－6）。実際の運用場面では，その間に位置する混成手話（中間手話）を用いる場合もあります。

　手話については，社会的な認知と普及に伴い，興味を持つ人が増えています。手話を学ぶ機会がある時には，「ろう者」や「難聴者」，「中途失聴者」という言葉の違いがあるように，手話だけに目を向けるのではなく，それぞれの立場で育まれてきた文化や生き方を理解するという心構えも重要です。

●（2）聴覚障害のある子どもへの指導・援助 ●

　聴覚障害教育においては，聴覚に障害のある子どもが，出生から社会で自立した生活を送ることができるようになるまで，言葉の習得が大きなテーマの1つとなります。また，言語発達は，すでに0歳児から始まります。こうしたことから，まずは，聴覚検査の1つで出生後に実施される新生児聴覚スクリーニングを受けて，聴覚障害の可能性の有無を調べ，早期発見や早期支援につなげることが重要です。早期支援では，聴覚に障害のある子どもへの援助に加えて，保護者と信頼関係を築くことが大切です。その際には，保護者の気持ちに寄り添い⁴⁾，我が子と通じ合うことへの喜びと自信を保護者が持てるよう継続して支援することが，言語発達にも影響します。

　言葉の習得においては，いずれの発達段階であっても共通して円滑で豊かなコミュニケーションが基盤となります。言語発達の状態を見極めながら，一人

ひとりの発達の段階に応じた円滑で豊かなコミュニケーション環境を整えましょう。

　幼児期では，コミュニケーションを通して生活に関わる言葉を覚えていくため，生活場面を意図的に設定して言葉を覚える環境を整えることが大切です。例えば，祭りを題材にして場面を設定した時には，店で売られている商品の名前や買い物に関わる言葉を覚えることに加えて，祭りを楽しんでいる時の高揚感を言葉で表現し，その気持ちを大人と共有することも意識しましょう。また，経験を振り返る際には，子どもとやり取りしながら絵日記をかくことも効果的です。こうした幼児期の言語活動は，児童期以降の言語概念の形成や抽象的・論理的な思考力の育成の基盤となることから，十分な時間をかけ，子どもが言葉を用いながら習得する機会を確保していく必要があります。

　児童期では，幼児期での生活経験を通して習得してきた言葉を，学習言語に移行し，さらに高めていくことが求められます[5]。特に，中学年以降においては，抽象的な思考力を高めていくことが重要です。中学・高校の時期には，社会生活や自立に向けた指導が必要です。個に応じた各教科等の学習に加えて，円滑な人間関係の構築や福祉制度，自己理解，情報収集，他者への伝え方に関する学習を，自立活動の指導などで取り入れるのもよいでしょう。そうした学習を通して，適切な自己理解が図られることや，社会生活の中で必要な支援を説明する力および態度を，学校生活を通して身につけられるように指導することが重要です。

③　肢体不自由の理解と指導・援助

●（1）肢体不自由の理解　●

1）肢体不自由の定義

　肢体不自由とは，身体障害の１つで，運動機能の障害を指します。2021（令和３）年に文部科学省が発表した「障害のある子供の教育支援の手引」では，「身体の動きに関する器官が，病気やけがで損なわれ，歩行や筆記などの日常生活動作が困難な状態」と定義されており，身体障害者手帳の区分では肢体不自由（上肢・下肢・体幹・脳原性）とされています。なお，脳原性とは，乳幼

児期以前の非進行性の脳病変による運動機能障害を指し，上肢機能と移動機能に分かれています。

2）姿勢と運動を構成する「骨格・筋・神経系」の構造と機能

　人体には様々な骨，筋肉があります。骨の役割には「①骨格を作り体の輪郭を形成する，②骨格筋とともに二次的運動作用を行う，③身体各部を支持する，④体腔を確保し内臓器官を保護する，⑤多くの血球の造血作用，⑥カルシウム，リンなどの無機物貯蔵作用など」[6]があります。一方，筋肉は，内臓を動かす「内臓筋」，手足などを動かす「骨格筋」，心臓を動かす「心筋」の3つに大きく分類されます。また，横紋筋と平滑筋があり，骨格筋は横紋筋でできています。骨格筋の動きは運動神経に支配されています。運動神経は大脳皮質の運動野と体性感覚野に身体各部の動きに対応する領域があります（これを「体部位局在性」といいます）。

　ところで，大脳皮質は，図4－7（この図は左側から見た脳になっています）に示すように，前頭葉，頭頂葉，側頭葉，後頭葉と4つに別れています。本章の「1　視覚障害の理解と指導・援助」「2　聴覚障害の理解と指導・援助」でも，後頭葉や大脳という表現が出てきました。後頭葉には視覚に関わる「視覚野」，側頭葉には聴覚に関わる「聴覚野」があります。ここで取り扱う姿勢

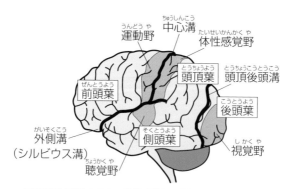

※運動野は運動の命令，体性感覚野は体性感覚の認識を司る。

図4－7　左側から見た大脳皮質の概略

や運動に関わる部分は前頭葉と頭頂葉の境目の前頭葉側にある運動野，頭頂葉側にある体性感覚野が関係し，前述の運動神経とつながっています。運動野，体性感覚野それぞれに，体のどの部位の動きを司るのかが決まっており，その部位が何らかの事情で損傷を受けると，その部位の動きが障害されます。体部位局在性はカナダの脳神経外科医であるペンフィールド（Penfield,W.G.：1891-1976）が，体の各部分からの入力が大脳皮質のどの部分に投影されるかを図示したペンフィールドマップが有名です。

3）肢体不自由となり得る病気

　肢体不自由は運動面の障害であり，脳の障害，筋肉の障害，神経系の障害の３つに大別できます。特別支援学校に在籍する児童・生徒にみられる「肢体不自由」に該当する主な障害（病気）は，脳の障害として脳性麻痺，筋肉の障害として筋ジストロフィー，神経系の障害として二分脊椎があげられます。なお，筋ジストロフィーについては，病態区分として「神経・筋疾患」に該当するため，「病弱者である児童生徒に対する教育を行う特別支援学校」（病弱領域）で教育を行う場合もあります。以下，この３つの障害（病気）の概略を説明します。

　① 脳性麻痺（cerebral palsy：CP）　厚生省（現・厚生労働省）脳性麻痺研究班会議が1968（昭和43）年に脳性麻痺を「受胎から新生児（生後４週以内）までの間に生じた脳の非進行性病変に基づく，永続的なしかし変化しうる運動および姿勢の異常である。その症状は満２歳までに発現する。進行性疾患や一過性運動障害または将来正常化されるであろうと思われる運動発達遅延は除外する」と定義しています。また，運動機能の障害であるため，必ず知的障害やてんかんを合併するわけではないことに注意が必要です。発症頻度は，およそ1,000人に２人（0.15〜0.2％）とされ，麻痺の身体分布による分類と筋緊張の異常による分類があります（表４−２）。

　② 筋ジストロフィー　慢性・進行性の骨格筋の変性・壊死と筋力低下を主徴とする病気の総称で，デュシェンヌ（Duchenne）型やベッカー（Becker）型，福山型などがあります。

　デュシェンヌ型は筋ジストロフィーの中で最も頻度が高く，3,000〜3,500人に１人の割合で，男児に発症します（伴性劣性遺伝：性染色体X上に遺伝子座を

表4-2　麻痺の身体分布と筋緊張の異常に基づく脳性麻痺の分類

区分	種　類	概　要
麻痺の身体分布	四肢麻痺	四肢すべてと頸部・体幹にも麻痺がある。麻痺に左右差が生じる場合もあり，呼吸や嚥下機能の障害，側わんも高率で合併する
	両麻痺	両下肢の麻痺が強く上肢の麻痺が軽い。頸部・体幹にも麻痺がみられ，麻痺に左右差が生じることもある
	対麻痺	両下肢に麻痺があるが上肢には麻痺がない。体幹に軽度の麻痺を合併することもある
	片麻痺	右または左の半身だけの麻痺がある
筋緊張の異常	痙性筋緊張亢進（痙直型）	筋肉がかたく動きが少ない。静止姿勢を保持する際のバランスの悪さもみられる。四肢は伸びたままあるいは屈曲したままで自発運動が減少する
	アテトーゼ型	筋肉はかたく，不随意運動（特に顔面筋に激しくみられる）を特徴とする。精神的緊張で筋肉のかたさや不随意運動が強くなり，リラックスすると柔らかくなる
	低緊張・体幹失調	低緊張は，筋肉が柔らかく運動量も少ない。関節可動域は正常より広い。体幹失調は立位，歩行時にバランスがとれず左右にふらつくことを指す。これらは同時に出現することが多い

有する潜性（劣性）遺伝子による遺伝方式。正常な性染色体Xがあれば発症しない。このため女性の発症は稀であり，発症はしないがその遺伝子を有するケースが多い）。タンパク質の１つであるジストロフィンの先天的欠損による進行性の病気で，始歩の遅れとともに10歳前後で歩行不能，上肢の筋力低下も生じ，座位保持困難，寝たきりとなります。四肢・体幹以外にも，肋骨筋・横隔膜・心筋等の筋力低下により呼吸不全・心不全の可能性があり，人工呼吸器の使用が必要となる場合があります。一方，先天性筋ジストロフィーである福山型は，生後すぐ，あるいは数か月以内に筋緊張低下等で気づくことが多く，顔を含む全身の筋力低下・早期から膝や指，股関節の拘縮・高頻度の知的障害やけいれん等の合併症がみられます。

　③　二分脊椎　　脊髄や脊柱の発生途中における形成異常による背骨の後方部分の欠損と脊髄の異常です。大きくは囊胞性（背骨の欠損部から袋状に脊髄が体表面に突出する）と潜在性（髄膜や神経が背骨から脱出していない状態）に大別され，発症頻度はおよそ10,000人に３人程度（約0.03％）といわれてい

ます。二分脊椎にみられる症状（合併する障害）としては，運動障害，知覚障害，膀胱直腸障害などです。特に排泄は不随意の尿漏れや残尿がみられ，便秘（性状によっては失禁）となりやすい上に，知覚障害による熱傷や褥瘡にも注意が必要です。

●（2）肢体不自由のある子どもへの指導・援助 ●

　肢体不自由のある子どもは，理論上，知的障害がありません。つまり，特別支援教育においても「通常の学級での学習活動」の中で肢体不自由があるために難しい部分をどのように工夫して学習を行うのかを考慮します。子どもの臨床像によって異なりますが，特別支援学校学習指導要領の小学部の各教科においては「各教科の目標，各学年の目標及び内容並びに指導計画の作成と内容の取扱いについては，小学校学習指導要領第2章に示すものに準ずる…特に次の事項に配慮するものとする」とされ，以下の5項目があげられています[7]。

⑴　体験的な活動を通して言語概念等の形成を的確に図り，児童の障害の状態や発達の段階に応じた思考力，判断力，表現力等の育成に努めること。

⑵　児童の身体の動きの状態や認知の特性，各教科の内容の習得状況等を考慮して，指導内容を適切に設定し，重点を置く事項に時間を多く配当するなど計画的に指導すること。

⑶　児童の学習時の姿勢や認知の特性等に応じて，指導方法を工夫すること。

⑷　児童の身体の動きや意思の表出の状態等に応じて，適切な補助具や補助的手段を工夫するとともに，コンピュータ等の情報機器などを有効に活用し，指導の効果を高めるようにすること。

⑸　各教科の指導に当たっては，特に自立活動の時間における指導との密接な関連を保ち，学習効果を一層高めるようにすること。

　つまり，小学校（中学校）の指導内容について，肢体不自由に伴う困難に対する配慮を行うことになります。具体的には，教科として考慮すべき点は「体育」や「音楽」等の実技に関わる部分，学習活動としては，板書やワークシートの作成等の「文字を書く」場面，教科書のページめくりやプリントの裏返しなどの場面，教室移動などが例としてあげられます。また，教室内の動線の確

保（車椅子の場合は，通るスペースの確保）が
必要となります。

　さらに，知的障害がなくとも，今までの生活
の中での体験不足や治療などによる学習の遅れ
やコミュニケーション（年齢相応のやりとり）
の難しさがみられたり，依存心や自己肯定感の
低さがみられたりすることもあります。学級の
中では「個別に対応する必要がある指導・援
助」と「クラスの中で孤立しない指導・援助」
が必要になります。例えば，前者の場合は，前
述の教科に関わる部分は，「参加できる方法」
の工夫として，体育は記録係や審判，肢体不自
由の状態に応じたルール変更が考えられます。
学習活動においては，板書の写真をノートに貼

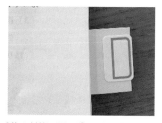

2枚の付箋の間にボール紙を挟み，イ
ンデックスシールでとめたもの。一
見すると支援には見えない点も重要

**図4－8　付箋を用いた
「持ち手」の例**

付したり，当日使用する資料のページに付箋等で作成した「持ち手」を付けて
めくりやすくしたりするなどが考えられます（図4－8）。このような対応は
難しく考えるのではなく，近くにあるものを利用するなど他の子どもたちが
「特別扱いされている」と感じないように配慮する必要があります。後者につ
いては，クラスの一員として活動に参加できるよう，係や学級での役割を準備
したり，肢体不自由児が「できることは自分でやる」「できることは相手に伝
える（一人でできるといえる）」よう促したりすることも大切です。さらに，
「手伝う」ことばかりが適切な対応ではありません。クラスの一員として状態
を見ながら活動に参加できる方法をクラス全体で考えることが大切です。
　一方，筋ジストロフィーのような進行性疾患による肢体不自由は，病状の進
行により，できていたことができなくなる場合もあります。子どもの状態を観
察し，その都度，心理面も含め現状に合わせた指導・援助を検討する必要があ
ります。

第４章のまとめ

　第４章では視覚障害や聴覚障害，肢体不自由について整理をしました。

　この章で取り上げた障害は，一般的にイメージがしやすい反面，それぞれの障害の程度によって困難が異なるため，指導・援助の内容や方法が変わるといった特徴があります。障害理解学習でも取り上げられることが多い障害ではありますが，実際の指導・援助にあたっては，知っている障害であるからこそ，誤解のないような対応を心がけてください。

　本章の学習内容について，復習を兼ねて以下の観点から整理しましょう。

① 視覚障害のある子どもが抱える難しさへの指導・援助方法について，「見え」の程度から整理してみよう。

② 聴覚障害のある子どもが用いるコミュニケーション方法について整理してみよう。

③ 肢体不自由はどのような障害で，どのような指導・援助が考えられるか整理してみよう。

④ 本章で取り上げた障害のある子どもに担任として関わる，あるいはクラスの子ども同士が関わる際，どのような点に注意・配慮の必要があるか考えてみよう。

■引用文献■

1）文部科学省：障害のある子供の教育支援の手引～子供たち一人一人の教育的ニーズを踏まえた学びの充実に向けて～，2022，p.107

2）大沼直紀監修，立入　哉・中瀬浩一編著：教育オーディオロジーハンドブック―聴覚障害のある子どもたちの「きこえ」の補償と学習指導―，ジアース教育新社，2017，pp.231-232

3）文部科学省：聴覚障害教育の手引 言語に関する指導の充実を目指して，ジアース教育新社，2021，pp.26-27

4）前掲書３），p.516

5）前掲書３），p.19

6）竹田一則：肢体不自由児，病弱・身体虚弱児教育のためのやさしい医学・生理学，ジアース教育新社，2008，pp.18-19

7）文部科学省：特別支援学校幼稚部教育要領　小学部・中学部学習指導要領（平成29年4月告示），海文堂，2017，pp.78-79

■**参考文献**■

・城間将江・鈴木惠子・小渕千絵編：標準言語聴覚障害学 聴覚障害学〔第 3 版〕，医学書院，2021，p.48
・中川信子：ことばをはぐくむ，ぶどう社，2006
・増田敦子：新訂版 解剖生理学をおもしろく学ぶ，サイオ出版，2015，pp.208-226
・脇中起余子：聴覚障害教育これまでとこれから コミュニケーション論争・9 歳の壁・障害認識を中心に，北大路書房，2009
・樫木暢子・笠井新一郎・花井丈夫編著：特別支援教育免許シリーズ 運動機能の困難への対応，建帛社，2021

第5章 認知能力の低さや偏りから生じる困難の理解

第5章の学習にあたって

　第5章では，認知の能力の低さや偏りとしてとらえられる知的障害や発達障害を取り上げます。現在，知的障害は認知機能（いわゆるIQ）だけで判断していないこと，発達障害については様々な要素が絡み合う「スペクトラム」的な理解になってきていることを確認しておきましょう。
　第5章の内容を学習するにあたって，世界的に活用されている「ICD」「DSM」といった基準を事前学習（予習）として調べておくと，理解がより深まるでしょう。

1 知的障害の理解と指導・援助

（1）知的障害の理解

1）知的障害の概念

　知的障害には様々な定義がありますが，アメリカ精神医学会（APA：American Psychiatric Association）によるDSM-5（Diagnostic & Statistical Manual of Mental Disorders Fifth Edition）によれば，知的能力障害（知的発達症／知的発達障害：Intellectual Disability, Intellectual Developmental Disorder）と示されています。また，知的能力障害は，「発達期に発症し，概念的，社会的，および実用的な領域における知的機能と適応機能両面の欠陥を含む障害である。以下の3つの基準を満たさなければならない」とあります。この3つの基準は，表5-1の通りです。

　また，知的障害の重症度を特定する場合には，概念的領域（読字・書字・算数・時間等），社会的領域（社会的行動・コミュニケーション等），そして実用的領域（食事・身支度・排泄・金銭管理等の日常生活）という3領域について

表５−１　知的能力障害の診断基準（DSM-5）

Ａ：臨床評価および個別化，標準化された知能検査によって確かめられる，論理的思考，問題解決，計画，抽象的思考，判断，学校での学習，および経験からの学習など，知的機能の欠陥
Ｂ：個人の自立や社会的責任において，発達的および社会文化的な水準を満たすことができなくなるという適応機能の欠陥。継続的な支援がなければ，適応上の欠陥は，家庭，学校，職場および地域社会といった多岐にわたる環境において，コミュニケーション，社会参加および自立した生活といった複数の日常生活活動における機能を限定する。
Ｃ：知的及び適応の欠陥は，発達期の間に発症する。

（American Psychiatric Association：Diagnostic & Statistical Manual of Mental Disorders Fifth Edition，2013より作成）

表５−２　文部科学省による知的障害の定義

知的障害とは，一般に同年齢の子供と比べて，「認知や言語などにかかわる知的機能」の発達に遅れが認められ，「他人との意思の交換，日常生活や社会生活，安全，仕事，余暇利用などについての適応能力」も不十分であり，特別な支援や配慮が必要な状態とされている。また，その状態は，環境的・社会的条件で変わり得る可能性があると言われている。

考えていきます。

　以前のDSM-Ⅳでは，個別施行による知能検査のIQが診断基準に用いられていましたが，2013年改訂のDSM-5では，IQは用いられず，表５−１のようになりました。

　さらに，文部科学省の「障害のある子供の教育支援の手引き」によれば，知的障害を表５−２のように定義しています。

　知的障害を検討する際には，知能指数（IQ）の数値のみを用いて判断しないようにすることが大切です。知能発達検査には，田中ビネー知能検査Ⅴや WISC-Ⅴがありますが，それぞれの検査によって，知能指数（IQ）の算出方法が異なるため，同じ子どもでも異なる数値になることにも留意する必要があります。また，学習面のみから検討して，学力が低いことのみを理由に，知的障害と考えることも避けなければなりません。子どもの状態や困り感は，認知等の知的機能にあわせ，コミュニケーションや社会生活・日常生活の面等から

も総合的に把握していく必要があります。

2）知的障害を引き起こす要因

　知的障害を引き起こすとされる病気や障害は様々ありますが，よく知られているものの１つにダウン症があります。ダウン症は染色体異常の中では最も頻度が高く，およそ1,000人に１人（700人に１人と解説している資料もあります）とされ，出産時の母親の年齢が高い（40歳以上）ほど，発症率も高いとされています。発見者の名前から「ダウン症」と呼ばれていますが，21番染色体が通常よりも１本多く，３本ある「21トリソミー」と呼ばれる病気です。

　ダウン症は顔立ちに特徴があります。例えば，両目は少し離れ，ややつり上がっており，鼻は小さめ，舌は大きめです。筋力や言葉の発達の遅れがみられます。知的障害の幅はとても広く，言葉によるコミュニケーションが難しい人もいれば，大学進学をする人，モデルや芸術家として活躍している人もいます。

　合併症として，低緊張（筋肉がやわらかく，疲れやすい）や心疾患，視聴覚の障害（斜視や難聴）などがあり，運動面では配慮が必要になります。なお，染色体異常にはクラインフェルター症候群や18トリソミー症などもあります。また，染色体異常以外で知的障害を引き起こす要因には，クレチン症やフェニルケトン尿症などがありますが，要因がはっきりわからない知的障害も多くみられます。

●（2）知的障害による困難への指導・援助 ●

1）特性や困難さに応じた指導と支援

　知的障害のある子どもは，抽象的な理解が困難であるため，生活場面の中で，具体的，実際的に繰り返し学習することが効果的です。日課や予定の理解にも困難があるときには，本人がわかる文字や絵・写真を活用して，理解できるように伝えていきます。

　また，着替えや食事，持ち物の整理等，生活技能に困難があることも多いため，日々の日常生活場面を学習の場として，繰り返し取り組むことが必要です。運動面や手指の巧緻性等にも困難がある場合には，それが生活技能の困難さに結びついていることもあるため，エプロンのひも結びや階段の昇降等，困難さのある生活技能に繰り返し取り組むことも大切です。

　知的障害のある子どもは，コミュニケーションにも困難があります。そのた

め，本人がわかるように，ゆっくり，はっきり，短い言葉で伝えたり，具体物や写真・絵カード等を用いて伝えたりすることが大切です。そして，本人が伝えようとすることを理解し，コミュニケーションをとりながら，信頼関係を築いていくことが望まれます。また，わからないことや困っていることを伝えられないことも多いため，援助を求める方法をはじめ，必要なコミュニケーションスキルを育成していくことが大切です。

さらに，知的障害があるために，成功体験が少なく，自分に自信が持てなかったり，活動をためらったりすることがあります。本人の興味・関心を生かすとともに，本人ができる課題や活動を設定し，達成感を感じることができるようにし，主体性を養っていきます。

そして，危険を予測したり，理解したりすることが困難な場合があります。交通事故や高所からの転落，けがなどに，指導・支援者側が十分留意する必要があります。

2）通常の学級での指導・支援

通常の学級で，知的障害のある子どもを指導・支援する際には，前段で述べたことを参考に，日課や予定を理解できるようにして，見通しが持てるようにするとともに，コミュニケーションでは本人にわかるように伝えることが大切です。学習の課題や活動については，例えば音楽の合奏では，本人が演奏できる楽器を選ぶ等，本人ができるような課題や活動を個別に設定していきます。そして，日常生活で困難なことには支援し，危険への配慮をしていきます。また，学級全体に心のバリアフリーの考え方を指導しておくことも必要です。

3）特別支援学校・特別支援学級での指導・支援

特別支援学校や特別支援学級に在籍する知的障害のある子どもを対象とした教育課程は，特別支援学校学習指導要領の知的障害者である児童・生徒に対する教育を行う特別支援学校の各教科や自立活動等（以下，知的障害の各教科等）に示されています（特別支援学級では，特別の教育課程を編成できるため，小・中学校学習指導要領の各教科等を知的障害の各教科等に替えることができます）。さらに，知的障害のある子どもは，生活に即して学んでいくことが効果的であることから，知的障害の各教科等を合わせた指導を行うことができます。

詳しくは，表5－3に示すとおりです。

表5－3　知的障害のある子どもを対象とした教育課程

【知的障害の各教科等】	
各教科の目標・内容は，小は3段階・中は2段階の設定	
小学部	生活，国語，算数，音楽，図画工作，体育，特別の教科道徳，特別活動，自立活動，外国語活動
中学部	国語，社会，数学，理科，音楽，美術，職業・家庭，外国語，特別の教科道徳，総合的な学習の時間，特別活動，自立活動
【各教科等を合わせた指導】	
日常生活の指導，生活単元学習，作業学習（中・高等部），遊びの指導（小学部）	

【各教科等を合わせた指導】の具体例（中学部「生活単元学習」の場合）

単元名；「町探検に行こう」（11時間）
構成：
1．商店街を知る（2時間）
2．八百屋の訪問・買い物（2時間）
3．肉屋の訪問・買い物（2時間）
4．調理・昼食づくり（2時間）
5．お礼状の作成（1時間）
6．八百屋・肉屋にお礼をする（2時間）
7．まとめ（1時間）

この授業に含まれる教科と内容
（知的障害の教育課程における各教科等）

「社会」：産業と生活
「職業・家庭」：衣食住の生活（調理）
「国語」：書くこと
「特別の教科道徳」：人とのかかわり（感謝）

図5－1　生活単元学習のイメージ図（単元名「町探検に行こう」）

　各教科等を合わせた指導の具体例として，特別支援学校中学部の生活単元学習について説明します。図5－1に示すように，「町探検に行こう」という単元では，学校近くの商店街のお店を訪問し，仕事や販売について学びます。そこで購入した商品で自分たちの昼食を調理し食べた後，感謝を伝えるためにお礼状を書き，お店の人に渡すという学習活動を行います。合わせた教科等は，社会，職業・家庭，国語，特別の教科道徳ですが，それらの教科等を別々に学習するより，身近な生活の中で実際に活動することと，その活動が子どもの興味・関心をふまえた上で1つにまとまった学習であることで，知的障害のある子どもにとって，より効果的な学習になります。このような指導は，知的障害のある子どもにとって，効果的な学習であるといえますが，活動することが目標にならないように，教科等の目標に確実に取り組んでいく必要があります。

2 ASD（自閉スペクトラム症）の理解と指導・援助

●（1）ASDの理解 ●

1）ASDの医学的・教育的定義

　自閉症は1943年の児童精神科医カナー（Kanner, L：1894-1981）による症例の報告以降，アスペルガー症候群や高機能自閉症など，自閉症の特性の程度や状態像の違いによって複数の分類が行われてきました。例えば，アメリカ精神医学会（APA）が1994年に刊行したDSM-Ⅳ（精神疾患の診断・統計マニュアル第4版：Diagnostic and Statistical Manual of Mental Disorders）では，自閉症を代表とする生来の社会性の発達障害を示すグループは広汎性発達障害（PDD：pervasive developmental disorder）と命名され，自閉性障害，レット障害，小児崩壊性障害，アスペルガー障害，特定不能の広汎性発達障害が下位項目として位置づけられていました[1]。

　2013年に刊行されたDSM-5では，自閉症の特性は程度に軽重はあっても同じ要素を含むという考えから，スペクトラム（連続体）の概念が取り入れられ，下位項目を含めて「自閉スペクトラム症（ASD：autistic spectrum disorder）」に名称変更されました。また，DSM-Ⅳでの診断基準は，①社会的相互反応における質的な障害，②コミュニケーションと想像的活動の質的な障害，③行動，興味および活動の限定，反復的で常同的な様式といった3軸によるものでしたが，DSM-5では，①社会的コミュニケーションおよび相互関係における持続的障害，②限定された反復する様式の行動，興味，活動の2軸へ変更されました（表5-4）。

　DSM-5では，自閉スペクトラム症の診断基準として新たに感覚の過敏や鈍麻が加えられました。また，DSM-Ⅳでは認められなかったADHDとの併存も認められるようになりました。

　以上は医学的な診断基準や定義ですが，教育的なそれは文部科学省「障害のある子供の教育支援の手引」（2021）によって，表5-5のように示されています。この定義では，3軸による説明がなされています。

表5−4　自閉スペクトラム症の診断基準（DSM-5）

A：社会的コミュニケーションおよび相互関係における持続的障害（以下の３点） 　1．社会的，情緒的な相互関係の障害 　2．他者との交流に用いられる言葉を介さないコミュニケーションの障害 　3．（年齢相応の対人）関係性の発達・維持の障害
B：限定された反復する様式の行動，興味，活動（以下の２点以上で示される） 　1．常同的で反復的な運動動作や物体の使用，あるいは話し方 　2．同一性へのこだわり，日常動作への融通の利かない執着，言語・非言語上の儀式的な行動パターン 　3．集中度や焦点づけが異常に強く限定，固定された興味 　4．感覚入力に対する敏感性あるいは鈍感性，あるいは感覚に関する環境に対する普通以上の関心
C：症状は発達早期の段階で必ず出現するが，後になって明らかになるものもある
D：症状は社会や職業その他の重要な機能に重大な障害を引き起こしている
E：これらの障害は，知的能力障害または全般的発達遅滞ではうまく説明されない

（American Psychiatric Association：Diagnostic and Statistical Manual of Mental Disorders Fifth Edition, 2013より作成）

表5−5　文部科学省による自閉症の定義

自閉症とは，①他者との社会的関係の形成の困難さ，②言葉の発達の遅れ，③興味や関心が狭く特定のものにこだわることを特徴とする発達の障害である。その特徴は３歳くらいまでに現れることが多いが，成人期に症状が顕在化することもある。中枢神経系に何らかの機能不全があると推定されている。

2）ASDの特性

　ここでは，DSM-5の診断基準，「社会的コミュニケーションの障害」と「活動や興味の極端な偏り，同じ行動の反復」の２軸でASDの特性を考えていきます。

　ASDの社会性の困難は，乳幼児早期からアイコンタクトや共同注意，指差しや動作模様などの困難といった形で現れることがあります。これらは，ASDの子どもたちが他者と注意や情動，関心を共有することが苦手であることに起因します。幼児期・児童期以降では，他者の様子をうかがうことなく自分の興味のあることを一方的に話し続けたり，相手の表情を読んで状況に応じた行動がとれないなど，言語的なコミュニケーションのみならず非言語的コミュニ

表5－6　日常生活における感覚過敏・鈍麻の例

感覚	過敏・鈍麻の例
触覚	・抱っこを過度に嫌がる ・おむつが濡れてもあまり泣かない
聴覚	・トイレの水が流れる音が我慢できない ・風船が割れる音がとても怖い
視覚	・ホワイトボードの文字がまぶしく感じて読めない ・人ごみの中を歩くと気分が悪くなる
味覚	・味が混ざるのを非常に嫌がる ・むやみに調味料を使って食べる
嗅覚	・においに耐えられず湿布薬を貼っていられない ・食べ物の傷みに気づかずに食べてしまう

ケーションについても困難を示すことが多くなります。こうした特性の結果として，適切な対人関係の構築に至らないことがあります。

　活動や興味の極端な偏り，同じ行動の反復とは，生活に支障がでるほどのこだわりがあることを意味します。例えば，「家に帰ってきてから石鹸で手を洗う」ことは一般的に望ましい習慣ですが，「季節にかかわらず家に帰ってきてから10分以上石鹸で手を洗う」という行動は，手荒れなどを引き起こし他の手を使う行動に支障をきたします。DSM-5では，感覚の過敏と鈍麻が診断基準に取り入れられましたが，先ほどの手洗いの例では痛みを感じにくいという皮膚感覚の鈍麻が関係しているかもしれません。感覚の過敏と鈍麻は，触覚や聴覚，視覚，味覚，嗅覚などあらゆる感覚において生じる可能性があります。日常生活における感覚過敏および鈍麻の例は，表5－6の通りです。

●（2）ASDによる困難への指導・援助 ●

　ASD児者は状況の認識や心情理解に困難さがあるため，社会的なルールをはじめとしてソーシャルスキルを計画的に指導することが必要であると考えられています[2]。例えば，学齢期を想定すれば「正しいあいさつ」や「友だちとの話し合い」の方法などが，ターゲットスキルとなります。

　こうしたトレーニングを通して獲得されるのは，特定の場面に応じた一定の

パターンです。しかし，年齢の上昇とともに，生活する場が拡大し，人間関係
も複雑化します。そうすると，トレーニングによって獲得したパターンだけで
は対応できない場合が生じます。そのため，各場面に応じた適切なスキルとと
もに，「困った時には人を頼る」という汎用的なスキルの獲得を目指す必要が
あります。

　これまで述べてきたスキルは，いわゆるマジョリティのためにつくられた社
会の中で必要なスキルととらえることもできます。社会性やコミュニケーショ
ンの双方向性をふまえれば，これらのスキルをASD児者がトレーニングに
よって獲得するという方向だけではなく，マジョリティ側の人々がASD児者
の社会性やコミュニケーションのあり方を学ぶ必要も当然あります。

　ASD児者のコミュニケーションについては，「一方的に話す」，「会話が続か
ない」，「会話が噛み合わない」などの言葉で表現されることがあります。すべ
てのASD児者がすべての状況でこのようなコミュニケーションの様相を示す
わけではなく，共通の趣味を持つ他者との間では，スムーズに会話のやり取り
ができることもあります。ASD児者は会話を続けること自体に関心があるので
はなく，ASD児者にとって会話の目的は情報交換であり，自分の興味・関心の
ない話題では会話をする必要性を低く見積もっていると考えられます。学校教
育段階で，共通の趣味の友人に出会えれば非常に幸せなことですが，そうでは
ない場合は早期に学校外で共通の趣味を持つ者同士で集まり余暇を過ごすと
いった，生活の質を高めるための取り組みが重要となります。

　イギリス自閉症協会は，ASD児者の支援について，「構造化」「肯定的なアプ
ローチ」「共感」「低い覚醒」「連携」の5つを推奨しています。「肯定的なアプ
ローチ」とは，できないことを取り上げて訓練するよりも，できていることや
得意なことに目を向け，それを伸ばす考え方であり，「共感」とはASD児者の
感じ方を想像し歩み寄る考え方です。これらの考え方は，先述したASD児者
に対する社会性支援のあり方を考える上で非常に大切になります。また，「構
造化」とは，TEACCH（p.41参照）に代表される，見ただけでわかるよう（視
覚化）に生活や学習の環境を整えることを指します。例えば，①場所とそこで
期待される行動を対応させ，場所を明確な仕切りで分けるといった「物理的構
造化」，②見通しを持つための「スケジュールの提示」や「個別化したスケ

ジュール」，③音声言語だけではなく，絵・写真・実物・文字などの視覚支援によってコミュニケーションをとる，などが含まれます[2]。

3 ADHD（注意欠如多動症）の理解と指導・援助

●（1）ADHDの理解 ●

1）ADHDの医学的・教育的定義

　DSM-Ⅳで行動障害に分類されていたADHD（attention deficit hyperactivity disorder）は，DSM-5では知的障害（ID：intellectual disabilities）や自閉スペクトラム症（ASD），限局性学習症（SLD：specific learning disorder）と同様に，神経発達障害に分類されました。DSM-5では，不注意と多動性・衝動性のそれぞれ9項目のうち6項目以上が，少なくとも6か月以上持続するという基準に基づき診断がなされます（表5－7）。診断の際には，不注意が優勢にみられる状態像，多動性・衝動性が優勢にみられる状態像，不注意と多動性・衝動性の両方がともにみられる状態像の3つに分類できます。

　文部科学省は2003（平成15）年3月の「今後の特別支援教育の在り方について（最終報告）」参考資料の中で，表5－8のようにADHDを説明しています。症状発現年齢が7歳以前となっていますが，これはDSM-Ⅳに基づいたためであり，DSM-5では12歳以前に引き上げられています。

2）ADHDの特性

　ADHDを特徴づける，不注意と多動性・衝動性は，発達の途上でどの子にも現れます（表5－9）。不注意と多動性・衝動性を示す状態が継続し，かつそれらが社会的な活動や学校生活を営む上で著しい困難を示します。この状態は子どもの成長に伴い，環境との相互作用の中で状態像が変化していきます[3]。

　乳児期にADHDの特性は顕在化しませんが，癇癪（かんしゃく）を頻繁に起こすことの背景としてADHDが疑われるケースがあります。この時期にADHDの診断はつきませんが，養育者への適切な支援によって不適切な養育を防ぐことができます。

　幼児期からは，保育所や幼稚園などの場で集団生活が始まります。この時期，不注意や多動性が他の幼児と比較して目立った行動として現れることは稀ですが，衝動性に関しては様々な形で現れます。例えば，ブランコの順番が待てな

表5－7　注意欠如多動症の診断基準（DSM-5）

A1：以下の不注意症状の6つ（17歳以上では5つ）以上が6か月以上継続

　a．こまやかな注意ができずケアレスミスをしやすい

　b．注意を維持することが困難

　c．話を聞けないようにみえる（うわの空，注意散漫）

　d．指示に従えず，宿題などの課題が果たせない

　e．課題や活動を整理することができない

　f．精神的努力の持続を要する課題を嫌う

　g．課題や活動に必要なものを忘れがちである

　h．外部からの刺激で注意散漫となりやすい

　i．日々の活動を忘れがち

A2：以下の多動／衝動性の症状の6つ（17歳以上では5つ）以上が6か月以上継続

　a．着席中，手足をソワソワ，モジモジする

　b．着席が期待されている場面で離席する

　c．不適切な状況で走り回ったりよじ登ったりする

　d．静かに遊んだり余暇を過ごしたりすることができない

　e．「突き動かされるように」じっとしていられない

　f．しゃべりすぎる

　g．質問が終わる前にうっかり答えはじめる

　h．順番待ちが苦手である

　i．他の人の邪魔をしたり，割り込んだりする

B：不注意，多動・衝動性の症状のいくつかは12歳までに存在

C：不注意，多動・衝動性の症状のいくつかは2つ以上の環境で存在（家庭・学校・職場…）

D：症状が社会，学業，職業機能を損ねている明らかな証拠がある

E：統合失調症や他の精神障害の経過で生じたり，説明することができない

（American Psychiatric Association：Diagnostic and Statistical Manual of Mental Disorders Fifth Edition，2013より作成）

表5－8　文部科学省によるADHDの定義

　ADHDとは，年齢あるいは発達に不釣り合いな注意力，及び／又は衝動性，多動性を特徴とする行動の障害で，社会的な活動や学業の機能に支障をきたすものである。また，7歳以前に現れ，その状態が継続し，中枢神経系に何らかの要因による機能不全があると推定される。

表5－9　ADHDの特性

不注意	気が散りやすく，注意を集中させ続けることが困難であったり，必要な事柄を忘れやすかったりすること
衝動性	話を最後まで聞いて答えることや順番を守ったりすることが困難であったり，思いつくままに行動して他者の行動を妨げてしまったりすること
多動性	じっとしていることが苦手で，過度に手足を動かしたり，話したりすることから，落ち着いて活動や課題に取り組むことが困難であること

（藤井茂樹：発達障害児等の理解と指導「16　注意欠陥多動性障害（ADHD）」（小林倫代編著：改訂版特別支援教育のテキスト），学研教育みらい，2022，p.94）

い，カッとなって友だちに手を出すなどの行動が目立ってきます。家庭では，手をつないで大人と一緒のペースで歩けない，スーパーで目に入った物に一目散に駆け寄るなどの行動が目立ってきます。こうした行動は，保育者や養育者にとって指導の緊急性の高いものですので，叱られることが増えてきます。

　学童期は，幼児期の集団生活に比べより制約の多い環境となるため，幼児期にみられた行動の程度や頻度が高まることがあります。また，学校という場では一定時間座っていたり，じっとしていたりすることが求められ，多動性との関連で，授業中に離席が目立つ，常に手遊びをしているなどの行動がみられます。不注意に関しても，忘れ物が多い，授業中にぼーっとしていることが多いなどの行動として現れてきます。学齢期に，適切な場での適切な指導・支援が行われ，医療機関等にもつながることができれば，その後に待ち受ける思春期を乗り越えることができます。しかし，本人の特性と環境との不一致によるストレスが溜まり続けていると，それらは抑うつ傾向が高まるなど内在化したり，暴言や暴力となって現れるなど外在化したりします。つまり，思春期は特に二次障害が引き起こされやすい時期であるといえるでしょう。

　近年，「大人の発達障害」という用語を書籍やメディア等を通じて目にすることが多くありますが，これは青年期や成人期になってから発達障害を発症するという意味ではありません。小さい頃から発達障害の特性がありながらも，良好な環境の中で過ごすことができたため，本人も特性による生きづらさを感じにくかったのだと推測できます。

　青年期・成人期になると，就職や結婚，出産などのライフイベントが出現し

ます。ADHDも発達障害の１つですが，ADHD者の場合，就職後，締め切りまでに仕事を終えることができない，単純なミスが続くなどがみられることが多くあります。また，結婚を期に他者と一緒に住む中で，片づけられない，家事が苦手などといったことがみられることがあります。

●（２）ADHDによる困難への指導・援助 ●

　ADHDは，発達障害の中でもとりわけ「誤解されやすい」障害といえます。それゆえに，小さい頃から「叱られる」経験を積み重ねてきている場合が多くあります。他の発達障害と同様に，周囲の大人がADHDの特性を正しく理解することは指導・援助を考える上で大前提であることはいうまでもありませんが，その上でADHD児者の示す行動に関しては，周囲の大人のリフレーミングが重要となってきます。リフレーミングとは，物事を見る枠組みを変え，ポジティブな別の枠組みで同じ物事への印象や意味をとらえ直すことです。例えば，「多動」であれば「元気で活発」，「怒りっぽい」であれば「責任感が強い」ととらえ直します。

　ADHDは不注意と多動性・衝動性のコントロールが中核的な困難としてあります。したがって，対象に注意を向けるためや，注意を維持するための環境の調整が必要となります。また，感情や行動を自らコントロールすることの弱さに対しては，ソーシャル・スキル・トレーニング（SST）やトークンエコノミーシステムを用いた支援が有効でしょう。幼児期から自分で自分をコントロールする術を段階的に身につけることによって，自己肯定感の低下による二次障害を防ぐための一助となります。

　ADHDの治療薬として，我が国では現在メチルフェニデート（商品名：コンサータ®）とアトモキセチン（商品名：ストラテラ®）などが保険適用薬として有効性や安全性が確認されています。こうした薬物治療は効果が認められていますが，当然のことながら薬物治療を行うことによってすべてが解決するわけではありません。ADHDへの指導・援助を考える際，まずは本人の特性を生かすことができる状況を整え，周囲の理解を得るなどの環境の調整を行うべきです。その上で，適切な指導・援助を行う必要があり，さらに治療が必要であると診断された場合に薬物治療を行うことが望ましいでしょう。

4 SLD（限局性学習症）の理解と指導・援助

● （1）LDの理解 ●

1）LDの医学的・教育的定義

　従来のLD（learning disorder）は，DSM-5ではSLD（specific learning disorder）と示されました。DSM-5では，これまでと同様に読み，書き，算数の障害を区分していますが，症状の記載は学習習得段階に沿って詳細なものになりました[4]。表5－10のSLDの診断基準では，下位分類に読字障害，書字表出障害，算数障害の3つが認められており，世界保健機関（WHO）が2018年に発表したICD-11（国際疾病分類第11版：international statistical classification of diseases and related health problems 11th revision）と共通します。

　なお，これ以降「SLD」ではなく教育現場でもなじみがある「LD」で表記することにします。

　文部科学省は，1999（平成11）年7月の「学習障害児に対する指導について（報告）」の中で，表5－11のようにLDを説明しています。文部科学省が2022（令和4）年に実施した「通常の学級に在籍する特別な教育的支援を必要とする児童生徒に関する調査」によると，小中学校において学習面に著しい困難を示す児童・生徒は6.5%（高等学校は1.3%）でした。その中でも「聞く」または「話す」に著しい困難を示す児童・生徒が2.5%（高等学校は0.5%），「読む」または「書く」に著しい困難を示す児童・生徒が3.5%（高等学校は0.6%），「計算する」または「推論する」に著しい困難を示す児童・生徒が3.4%（高等学校は0.6%）であるとされました。なお，この調査における，学習面での困難についての質問項目は表5－12に示す通りです。

2）LDの特性

　文部科学省の定義に「特定のものの習得と使用に著しい困難を示す状態」と示されているように，例えば同学年と同程度の読み書きの力があるにもかかわらず計算がとりわけ困難であったり，話を聞けば内容を理解することができるのに文字を読むとなるとたどたどしくなったりと，LDの子どもが示す状態像は多様です。また，文字の読み書きや計算は，就学以前には本格的な学習を行わ

表5-10　限局性学習症の診断基準（DSM-5）

A：学習や学業的技能の使用に困難があり，その困難を対象とした介入が提供されているにもかかわらず，以下の少なくとも1つが存在し，少なくとも6か月間持続する
1．不的確または速度が遅く，努力を要する読字
2．読んでいるものの意味を理解することの困難さ
3．綴字の困難さ
4．書字表出の困難さ
5．数字の概念，数値，または計算を習得することの困難さ
6．数学的推論の困難さ

B：欠陥のある学業的機能は，その人の暦年齢に期待されるよりも，著明にかつ定量的に低く，学業または職業遂行能力，日常生活活動に意味のある障害を引き起こしており，個別施行の標準化された到達尺度および総合的な臨床評価で確認されている

C：学習困難は学齢期に始まるが，欠陥のある学業的技能に対する要求が，その人の限られた能力を超えるまでは完全には明らかにはならない可能性がある

D：学習困難は知的能力障害群，非矯正視力または聴力，他の精神または神経疾患，心理社会的逆境，学業的指導に用いる言語の習熟度不足，または不適切な教育的指導によってはうまく説明されない

（American Psychiatric Association：Diagnostic and Statistical Manual of Mental Disorders Fifth Edition, 2013より作成）

表5-11　文部科学省によるLDの定義

学習障害とは，全般的知的発達に遅れはないが，聞く，話す，読む，書く，計算する又は推論する能力のうち特定のものの習得と使用に著しい困難を示す様々な状態を指すものである。
学習障害は，その原因として，中枢神経系に何らかの機能障害があると推定されるが，視覚障害，聴覚障害，知的障害，情緒障害などの障害や，環境的な要因が直接の原因となるものではない。

ないために，小学校入学後に困難が顕著に表れるケースが多くあります[5]。
　読むことや書くこと，計算することなどの困難が，学校の中でどのように表れるかについては，先述した文部科学省の調査において使用された学習面の質問項目（表5-12）をみると理解することができます。

表5－12　文部科学省の全国調査における学習面の質問項目

聞く	・聞き間違いがある（「知った」を「行った」と聞き違える）【共通】 ・聞きもらしがある【共通】 ・個別に言われると聞き取れるが，集団場面では難しい【共通】 ・指示の理解が難しい【共通】 ・話し合いが難しい（話し合いの流れが理解できず，ついていけない）【共通】
話す	・適切な速さで話すことが難しい（たどたどしく話す。とても早口である）【共通】 ・ことばにつまったりする【共通】 ・単語を羅列したり，短い文で内容的に乏しい話をする【共通】 ・思いつくままに話すなど，筋道の通った話をするのが難しい【共通】 ・内容をわかりやすく伝えることが難しい【共通】
読む	・初めて出てきた語や，普段あまり使わない語などを読み間違える【共通】 ・文中の語句や行を抜かしたり，または繰り返し読んだりする【小】 ・文章を理解するのに何度も読み返す【中・高】 ・音読が遅い【共通】 ・勝手読みがある（「いきました」を「いました」と読む）【小】 ・文章を読むことはできるが，内容が頭に入らない【中・高】 ・文章の要点を正しく読みとることが難しい【共通】
書く	・読みにくい字を書く（字の形や大きさが整っていない。まっすぐに書けない）【共通】 ・独特の筆順で書く【小】 ・文章を書く際，漢字をあまり使わない【中・高】 ・漢字の細かい部分を書き間違える【共通】 ・句読点が抜けたり，正しく打つことができない【小】 ・文法的な誤りが目立つ（主語と述語が対応していない，順序がおかしいなど）【中・高】 ・限られた量の作文や，決まったパターンの文章しか書かない【共通】 ・思いつくままに書き，筋道の通った文章を書くことができない【中・高】
計算する	・学年相応の数の意味や表し方についての理解が難しい（三千四十七を30047や347と書く。分母の大きい方が分数の値として大きいと思っている）【小】 ・数の表記が正確にできない（三千四十七を300047や347と書くなど）【中・高】 ・簡単な計算が暗算でできない【小】 ・簡単な数（$6+8=14$，$15-7=8$ など，九九の範囲の計算）の暗算が素早くできない【中・高】 ・計算をするのにとても時間がかかる【小】 ・四則の混合した式などを正しい順序で計算できない【中・高】 ・答えを得るのにいくつかの手続きを要する問題を解くのが難しい（四則混合の計算。2つの立式を必要とする計算）【小】 ・文字や記号（x，y，π など）を使った計算ができない【中・高】 ・学年相応の文章題を解くのが難しい【小】 ・一次方程式が解けない【中・高】

推論する	・学年相応の量を比較することや，量を表す単位を理解することが難しい（長さやかさの比較。「15cmは150mm」ということ）【小】 ・数の量的な面が理解できない（数直線の目盛りが分からない，分数の大きさが分からないなど）【中・高】 ・学年相応の図形を描くことが難しい（丸やひし形などの図形の模写。見取り図や展開図）【小】 ・幾つかの事象から数学的な法則が見つけられない（数字の並び，表やグラフの変化から先を予測できないなど）【中・高】 ・事物の因果関係を理解することが難しい【小】 ・文章題の解き方の方針（求め方）や立式が分からない【中・高】 ・目的に沿って行動を計画し，必要に応じてそれを修正することが難しい【小】 ・基本的な公式や定理を示されても，それに当てはめて答えを求めていくことができない【中・高】 ・早合点や，飛躍した考えをする【小】 ・類似点・相違点を見つけられない（図形の性質や問題の解き方などの似ているところ，違うところが分からないなど）【中・高】 ・得られた答えが，日常ではあり得ない状況でも，変だと思わない【中・高】

●（2）LDによる困難への指導・援助 ●

　LDの特性をふまえれば，知的発達に遅れがないにもかかわらず，特定の領域や教科に大きな困難が生じていることは珍しくありません。そういった場合，「算数の計算問題はできるのに，なぜ音読ができないのだろう」などと子ども自身が思いつめ，自信を失い学習全般に対する意欲が低下してしまうことがあります。特に読み書きは，小学校入学後，国語だけではなく他の多くの教科において必要とされる能力です。したがって，読み書きに困難がある場合，早期発見と早期支援がその後の学校生活，ひいては人生を考える上でも非常に重要となります。

　LDの要因は教育的定義にあるように，中枢神経系の機能障害であり，認知面のつまずきが特定の領域や教科の困難といった形で現れます。近年では，LDを「learning difference」と表記し，学び方が異なる子どもたちであるという認識が広まりつつあります。つまり，認知特性に合わせた適切な学習方法で指導・援助すれば，学びにアクセスできる可能性が大いにあるのです。

　一般的に特別な教育的ニーズを持つ子どもへの指導・援助を考える場合，治療教育的アプローチと機能代替的アプローチがあります。読みの困難な子ども

に対する指導・援助に置き換えて考えてみると，前者は分かち書きやスリット
の活用，音韻意識を高めるトレーニングなどを用いて，読む能力自体の向上を
目指したりすることによって，他の子どもたちと同じ方法で読めるようになる
ことを目指すアプローチです。一方で後者は，近年発展が著しいICT教材（デ
ジタル教科書やVOCAペンなど）を用いて読むという機能を代替し，読むこ
との本質である「情報を得る」「内容を理解する」といった学びを保障するこ
とを目指すアプローチです。

　子どもの読みの困難の状態によっては，治療教育的なアプローチで同学年の
子たちと同じように読めるようになる場合もあるでしょう。しかし，発達障害
のある児者は「できる」「できない」の間に「できるけど疲れること」がたく
さんあり，読めるようにはなったけれども内容を理解する力を使い果たしてし
まったという状態になることもあります。近年では文部科学省のGIGAスクー
ル構想により，すでに多くの学校で一人一台端末が配備されています。合理的
配慮の観点からも，ICTを使って苦手なことを補いながら，授業に参加すると
いった学び方は今後ますます重要になってきます。LDに限らず，個々の子ども
の認知特性に着目した指導内容と指導方法を工夫し，本質的な学びの機会を確
保するためのICTの積極的な活用が求められています。

5 知的障害・発達障害と関連する事項

●（1）DCD（発達性協調運動障害）の理解と対応 ●

1）DCDの診断

　DSM-5では，ASDやADHD，LDと同様に神経発達症の運動症群の1つにDCD
（発達性協調運動障害：developmental coordination disorder）があります。
DSM-5のDCDの診断基準は表5−13の通りです。

　DCDでは，下位分類は設定されていませんが，主に粗大運動技能が損なわ
れる場合と，主に書字能力等を含む微細運動技能が損なわれる場合に分けられ
ます。診断基準のAに関して，DCDの具体的な状態像として，階段をうまく昇
る，ペダルをこぐ，シャツのボタンをかける，パズルを完成させる，ジッパー
を使うなどのスキルの獲得が遅れたり，獲得したとしても動作の遂行が同年齢

表5−13　発達性協調運動障害の診断基準（DSM-5）

A：協調運動技能の獲得や遂行が，生活年齢や技能の学習および使用の機会に応じて期待されるものよりも明らかに劣っており，その困難さは不器用，運動技能の遂行における遅さと不正確さによって明らかになる
B：診断基準Aにおける運動機能の欠如は，生活年齢にふさわしい日常生活活動を著明および持続的に妨げており，学業または学校での生産性，就学前より就学後の活動，余暇，および遊びに影響を与える
C：この症状の始まりは発達段階早期である
D：この運動技能の欠如は，知的能力障害（知的発達症）や視覚障害によってはうまく説明されず，運動に影響を与える神経疾患によるものではない

（American Psychiatric Association：Diagnostic and Statistical Manual of Mental Disorders Fifth Edition, 2013より作成）

の子どもに比べてぎこちなく，遅く，正確さが足りなかったりすることがあります。基準のBに関しては，家庭や学校等における日常生活活動には，衣類を着る，年齢に相応しい食器を用いてこぼすことなく食事をとる，他の人と身体を使う遊びに参加するなどがあり，DCDはこれらの活動を行う能力が障害されているだけではなく，遂行するのに時間がかかることもみられます。基準のCに関しては，DCDは5歳以前に診断されることはほとんどありません。なぜなら，この年齢においては運動技能の獲得には個人差が大きいからです。

2）DCDによる困難への指導・援助

　DCDは，運動面の不器用さを特徴とする発達障害です。「不器用さ」のとらえ方には人によって大きな幅があり，本人と周囲の人々との認識の不一致によって，周囲の想像も及ばないくらい自分自身の「不器用さ」に思い悩んでいることがあります。なぜならば，運動面の「不器用さ」は，幼児期や学齢期の体育的な活動の中で周囲との差が目に見える形で現れてしまいます。DCDによる困難への指導・援助を考える場合，こうした心理面に加えて当然身体面や学習面についても考慮する必要があります。

　身体面に関しては，DCDと関連が深いものとして過体重・肥満があります。運動の不器用さがあるために，家庭や園・学校において身体を使った活動量が減り，その結果として過体重や肥満につながると考えられています[6]。過体重

や肥満の結果として，運動をすること自体への身体的な負荷が高まり，さらに運動機会への参加を拒むといった悪循環が形成されることもあります。

　こうした負の連鎖が一度形成されてしまうと，それを解消することは極めて難しいケースが多いですが，身体的な負荷の少ない水中での歩行などといった運動から始めると有効な場合もあります。ただし，プールへ行くこと自体に負担感を抱く場合もあるかと思われます。最近ではNintendo Switchなどで身体を動かすことに活用できるゲームも多数ありますので，本人の興味・関心に基づいた機会を提供することが重要となります。

　学習面に関しては，DCDが示す「不器用さ」と関連が深いと考えられるのは体育や音楽などの実技系の教科です。体育は運動そのものを学習内容としていますが，音楽もリコーダーや鍵盤ハーモニカなど，手指の微細な運動や協調運動が求められる場面が多々あります。また，「不器用さ」は書字の困難といった形で現れることもあります。この点に関しては，LDとの併存について考慮する必要がありますが，運動面の課題によって書字の困難が引き起こされている場合においても，書くこと自体に負荷が高いためノートをとること自体を拒否する，字形が整わずノートを見返しても何と書いてあるかがわからないといったことが生じます。早期に支援が行われない場合，学習意欲の減退や学業成績の低下が引き起こされることがあります。

●（2）HSP（とても繊細な人）の理解と対応 ●

　我が国においては2020年頃から，書籍（『「気がつきすぎて疲れる」が驚くほどなくなる「繊細さん」の本』』飛鳥新社, 2018など）やSNSなど様々なメディアを通して「HSP」という言葉を目にすることが急増しました。「HSP」とはhighly sensitive personの略語であり，近年では「HSC（highly sensitive children)」という言葉も散見されるようになりました。巷には，「HSP/HSC」に関する様々な情報があふれ，「HSP/HSCは生きづらい」など学術上のエビデンスが証明されていないものも多々あります。

　心理学には，環境感受性（ポジティブおよびネガティブな環境に対する処理や知覚の個人差）という概念があります。環境感受性は誰しもが持つ特性であり，弱い人から強い人まで正規分布を示すことが指摘されています。「HSP/

HSC」とは，環境感受性が特に高い人たちを表す一種のラベルであり，それは「生きづらさ」を表すラベルではなく，「良い環境と悪い環境から，良くも悪くも影響を受けやすい人」として，心理学では理解されています。仮に，「生きづらさ」が強く，日常生活に大きな支障をきたすようであれば，うつ病や不安障害などの傾向がないか，発達障害（ADHD・ASDなど）の傾向がないか，を調べたほうがよいと思われます。ADHDやASDなどはDSM-5やICD-11に明記される障害名ですが，「HSP/HSC」は障害名ではなく特性であり，両者の何らかの関係性を示す学術上のエビデンスは，現状ないといえるでしょう。

第5章のまとめ

　第5章では，知的障害や発達障害の子どもの定義や対応，臨床像について整理しました。この章で記述されているような臨床像を呈する子どもは，通常の学級に在籍することも多く，「対応が難しい」といわれる場合も多くみられます。一方で，教員や周囲の関わり方によって状況が改善されることもあります。実際の指導場面では，子どもの様子を観察すること（実態把握）も大切になります。この章の内容を基に，ここで取り上げた障害の定義や概念を再確認しておきましょう。

　本章の学習内容について，復習を兼ねて以下の観点から整理しましょう。

① 知的障害の概念と定義を整理してみよう。

② ASD，ADHD，LDについて，それぞれの定義と臨床像の特徴を比較しながら整理してみよう。

③ DCDやHSPについて，心理学の考え方もふまえ，行動特性と配慮事項を整理してみよう。

④ 知的障害と発達障害の相違点と対応方法の特徴を整理してみよう。

⑤ 本章で取り上げた障害のある子どもに担任として関わる，あるいはクラスの子ども同士が関わる際，どのような点に注意・配慮する必要があるか考えてみよう。

■引用文献■

1） 森則夫・杉山登志郎・岩田泰秀編著：臨床家のためのDSM-5 虎の巻，日本評論社，2014，p.37
2） 霜田浩信：自閉スペクトラム症（ASD）の原因と障害特性（渡邉貴裕・橋本創一・尾高邦生他編：知的障害／発達障害／情緒障害の教育支援ミニマムエッセンス─心理・生理・病理，カリキュラム，指導・支援法），福村出版，2021，pp.17-26
3） 藤井茂樹：発達障害児等の理解と指導「16 注意欠陥多動性障害（ADHD）」（小林倫代編著：改訂版特別支援教育のテキスト），学研教育みらい，2022，pp.94-97
4） 前掲書1），p.35
5） 小林倫代：発達障害児等の理解と指導「15 学習障害（LD）」（小林倫代編著：改訂版特別支援教育のテキスト），学研教育みらい，2022，pp.88-91
6） 北洋輔：運動の不器用さが子どもにもたらす影響（北洋輔・澤江幸則・古荘純一編：DCD・不器用な子も楽しめるスポーツがある社会のために），金子書房，2022，pp.21-32

■参考文献■

・飯村周平：HSPの心理学，金子書房，2022

第 **6** 章　病気や複合的な理由による困難の理解

第6章の学習にあたって

　第6章では，「病気や複合的な理由による困難」として，病弱・身体虚弱，医療的ケア児，重度重複障害，言語障害，情緒障害について説明をします。なお，重度重複障害は複数の障害が重複していることから，子どもたちの実態が多様ですが，本章では特に，重症心身障害児と盲ろう児の例を取り上げます。また，言語障害は言語発達遅滞，構音障害，聴覚障害の二次障害，吃音^{きつおん}などの様々な側面を持つこと，情緒障害は教育側の対応方法として生み出されてきた経緯があることをふまえて，本章で取り上げています。

　第6章を学習するにあたって，「病気の子ども」「重度重複障害のある子ども」とはどのような子どもたちなのか，また，「ことばの教室」ではどのような指導が行われているのかを事前学習（予習）として調べておくと，理解がより深まるでしょう。

① 病弱・身体虚弱の理解と指導・援助

●（1）病弱・身体虚弱の理解 ●

　文部科学省は，病弱を「心身が病気のため弱っている状態」，身体虚弱を「病気ではないが身体が不調な状態が続く，病気にかかりやすいといった状態」としています。なお，このような状態が継続あるいは繰り返し起こる場合に用いるとしており，一時的な場合は該当しないとされています。

　病気の場合，周囲には気づかれにくいものの，それぞれの状況によっていろいろな困難を抱えています。また，それを「人に知られたくない」と考えている場合も多くみられます。その理由には，周囲の誤解もあります。例えば，1型糖尿病は小児期に多く発症し，インスリンの分泌が極端に少なくなる，あるいはまったく分泌されないことが原因ですが，中高年に多い2型糖尿病の「生

活習慣病」というイメージが強いために，病気に対する理解が得られないことがあります。そして，他の人と異なる対応（定期的な血糖値測定やインスリン注射）に対して，好奇の目で見られてしまうこともあります。

　病気の子どもたちは，病名が異なれば当然ですが，同じ病名でも治療方法や制限，対応が異なる場合もあります。それだけ「個別性」が高くはなりますが，それが「特別」な配慮とは限りません。また，周囲が心配するあまり，「しなくてもよい配慮」をしてしまうこともあります。特別支援学校学習指導要領（平成29年告示）には，「負担過重」だけではなく「必要以上に制限をしない」ことが指導上の配慮事項として明記されました。このように，私たちが病気やその子どもたちの抱える困難さを理解した上での対応が求められます。理解にあたっては，いわゆる「病気」の理解だけではなく，学級に在籍する他の児童・生徒と同じように，学習状況や身体状況，個々の特性（性格のような個性）と交友関係，家庭環境などの理解も必要ですし，治療や服薬による副作用（眠気や運動制限，食事制限等）の理解，子どもに対する家族の思いや関係諸機関（医療・福祉等）との連携も求められます（図6－1）。

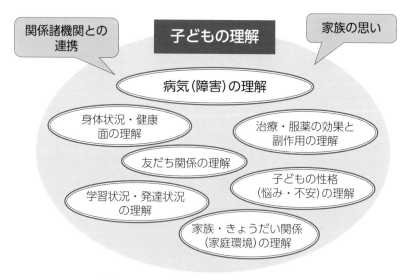

図6－1　子どもを理解するための諸要素

●（２）病弱・身体虚弱による困難への指導・援助 ●

　病気の子どもたちが抱える困難さは，個人差も含め様々ありますが，大きく分けると「学習上の困難」と「生活上の困難」に区別できます。

　「学習上の困難」には，いわゆる制限による学習空白や活動・時間の不足があります。現在はオンラインや動画配信等による補填も可能にはなっていますが，クラスメイトとの「学び合い」の機会が不足します。

　一方，「生活上の困難」は，食事や運動など日常生活上の制限になります。時間が決められている服薬や各種測定も制約に含まれ，生活上の困難に分類されることもあります。これらの困難は，病状や年齢にも左右されます。実際，今までの調査結果からは年齢が高くなるにつれて，病気による痛みや治療のつらさよりも，様々な制約にストレスを感じることも報告されています。

　こうした困難を抱える病気の子どもたちへの指導・援助にあたっては，子どもたちの抱える不安がどのようなものかを理解することが前提です。前述のように，病状や治療方法は一律ではありません。また，先入観での対応は控え，事実やその子どもがどのように考えるのかを理解することが重要です。私たちにとって「よいこと」が病気の子どもたちにも「よいこと」とは限りません。例えば，「退院」は私たちにとっては「とてもうれしいこと」ですが，病気の子どもにとっては，素直に喜ぶことができない場合もあります。もちろん，「うれしい」という気持ちは存在します。一方で，同じ病気で入院している隣のベッドの子が治療を続けていたり，退院後の学校生活に不安があったりもします。慢性疾患であれば，「いつまた入院しなければならない事態になってしまうのか」といった不安もあります。その中で，「退院」をすることになります。「よかったね」とともに，不安へのサポートが必要です。

　そこで，具体的な支援を考えるとなると，個別性が高くなります。ただし，必要な指導・援助の契機は類似しています。様々な書籍で「学習空白」といわれますが，なぜそれが起こるのかというと，以下のような理由が考えられます。

　① 病気（原疾患）により，欠席や早退がある

　② 受診（治療）のために，遅刻早退や欠席がある

　③ 入院中の学習支援が少ない（病院内に学校・学級設置がない場合に多い）

　これらがどの時期に生じたかで対応が異なるため，個別性が高くなります。

特に②の場合は特定の曜日・時間に集中する可能性が高く，特定の教科に生じやすくなることにも注意が必要です。どのような事情で学習空白が生じているかを見極め，子どもの体調に合わせた補習計画が必要です。また，現在の特別支援学校学習指導要領においては「負担過重にならないこと」と「必要以上の制限をしないこと」が明記されています。病気を理由に「やらなくてもいいよ」という対応ではなく，「どのよう形であれば学習活動に参加できるのか」を子ども本人，家族，関係諸機関（医療・福祉）としっかり話し合うことが支援の第一歩です。その際，「病気のことをクラスメイトに対してどのように（どこまで）伝えるのか／伝えないのか」の確認も必要です。

2 医療的ケアの理解と指導・援助

●（1）医療的ケアの理解 ●

医療的ケア児とは，「NICU（新生児特定集中治療室）等に長期間入院した後，引き続き人工呼吸器や胃ろう等を使用し，たんの吸引や経管栄養などの医療的ケアが必要な児童」（厚生労働省）と定義されています。法的には，医療的ケアについて以下のように示されています。

児童福祉法第56条の6第2項
地方公共団体は，人工呼吸器を装着している障害児その他の日常生活を営むために医療を要する状態にある障害児が，その心身の状況に応じた適切な保健，医療，福祉その他の各関連分野の支援を受けられるよう，保健，医療，福祉その他の各関連分野の支援を行う機関との連絡調整を行うための体制の整備に関し，必要な措置を講ずるように努めなければならない。

医療的ケア児及びその家族に対する支援に関する法律第2条
この法律において「医療的ケア」とは，人工呼吸器による呼吸管理，喀痰吸引その他の医療行為をいう。
2 この法律において「医療的ケア児」とは，日常生活及び社会生活を営むために恒常的に医療的ケアを受けることが不可欠である児童（18歳未満の者及び18歳以上の者であって高等学校等（中略）に在籍するもの（中略）。）をいう

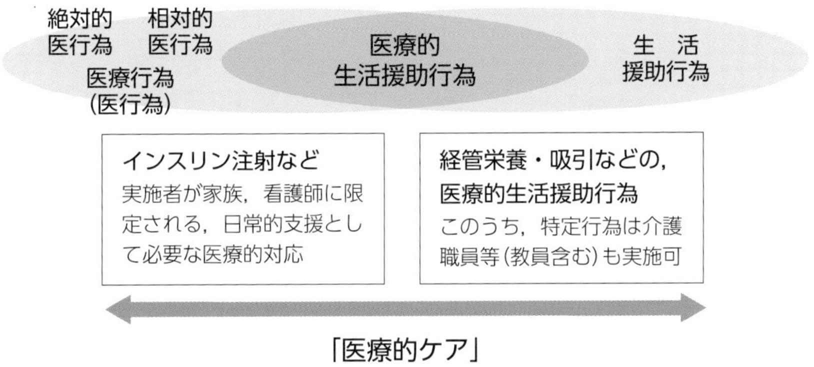

図6－2　再定義された医療的ケア
北住映二："医療的ケア" の再定義. 小児看護, 41（5）, 2018, p.526

　医療的ケアとは具体的にどのようなものを指すのかについては，北住（2018）によれば，従来医療的ケアとは「経管栄養・吸引などの日常生活に必要な医療的生活援助行為」を指すものとされていましたが，「『医療的ケア』は，【日常生活に必要な医療的な生活援助行為，および，『生活援助行為』とするには無理があり実施者が家族や看護師に限定される日常的支援として必要な医療的対応】と再定義」することが必要（図6－2）としています[1]。その後，2021（令和3）年6月に文部科学省は『障害のある子供の教育支援の手引』を発表し，あわせて「小中学校等における医療的ケア児の就学に関する相談等が増えていることを踏まえ，医療的ケア児の受入れに際し，就学に関わる関係者の全てが，理解しておくべき基本的な考え方等を示すもの」として『小学校等における医療的ケア実施支援資料 ～医療的ケア児を安心・安全に受け入れるために～』を発表しました。そこでは，医療的ケアを「病院などの医療機関以外の場所（学校や自宅など）で日常的に継続して行われる，喀痰吸引や経管栄養，気管切開部の衛生管理，導尿，インスリン注射などの医行為を指し，病気治療のための入院や通院で行われる医行為は含まれないもの」としています。

●（2）医療的ケアにおける困難への指導・援助 ●

　医療的ケア児は「障害が重度」であることを意味する言葉ではありません。前述の「医療的ケア」を必要とする子どもを指します。前節の「（2）病弱・身

体虚弱による困難への指導・援助」で述べた対応と同様，どのような点に配慮が必要であるのかを家族や医療機関と十分に協議をして対応することが求められます。また，医療的ケアに該当する行為は「一定の研修，指導を受けた教員ができる内容」と「家族（本人）や医療従事者が行う内容」に分かれます。そのため，常に対応できる状況であること，状況に応じて学習内容を変更できる設定を考えておくことが求められます。

　学校によっては，例えば，家族以外が行う喀痰吸引時に通常と異なる痰の色や性状がみられた場合には，必ず保護者に連絡をするという対応を取っていることもあります。このように，保護者や医療機関，養護教諭や学校看護師等との連携を図りながら医療的ケア児が参加可能な体制や方法を考えることが必要です。そのため，個別の教育支援計画や個別の指導計画の活用も有効です。また，実態把握にあたっては図6－1を参考にし，医療的ケアや体調管理を最優先としつつも，それだけに注意が向くことのないようにすることも大切です。

③ 重度重複障害（重症心身障害）の理解と指導・援助

●（1）重症心身障害の理解 ●

　重症心身障害とは「身体的・精神的障害がそれぞれ重度である」場合を指すものとして，障害名ではなく，福祉の分野で生まれた造語です。一般的には，大島（1971）が作成した，縦軸に知的機能（IQ）を5段階，横軸に運動機能を5段階取り，両者の組み合わせによる25の区分で障害の状況や程度を示した「大島の分類」が広く使われています（図6－3）[2]。臨床像は図6－3に示す区分1～4に該当し，重度の肢体不自由，重度の知的障害が重複していることはもちろん，視覚障害や聴覚障害，四肢体幹の変形拘縮もみられることが多くあります。

図6－3　大島の分類

（大島一良：重症心身障害の基本的問題，公衆衛生，35（11），1971，pp.648-655）

　なお，現在は「横地分類」も使われています。これは，横地（2016）が「知的障害程度は，適応行動の発達段階で区分することが合理的」として，「適応行動の3技能（概念的・社会的・実用的）のうち，概念的機能の発達年齢区分を9歳・6歳・3歳半・1歳」としたものです[3]。

●（2）重症心身障害による困難への指導・援助 ●

　重度の肢体不自由，重度の知的障害が重複していることはもちろん，視覚障害や聴覚障害，四肢体幹の変形拘縮もみられることから，体調が安定して，学習活動に参加できる環境を整えることが必要です。加えて，姿勢保持や認知面について，特に特別支援学校における自立活動の内容を参考にしながら指導を進める必要があります。

　具体的には，自立活動の6つの柱に含まれる，「健康の保持」「身体の動き」「コミュニケーション」に関わる内容にあたります。重症心身障害の場合は変形拘縮に伴う呼吸機能の低下や体温調節の難しさ，認知機能の遅れがみられるため，「モノ」と「名前」との1対1の関係や「スイッチを押すと電気がつく」といった二項関係の理解があるか，など発達初期段階に獲得する力の再確認が必要です。その上で，「その子ども特有のサイン言語」（例：「Yes」の時は口を開ける，「No」の時は舌を出すといった動作）を持っているのかどうかを確認し，指導者間で共有することが必要です。姿勢に関しては，使用している装具（車椅子や補装具と呼ばれるもの）が正しく着用できているかどうかを確認してから学習活動を行います。なお，装具の着用については個々によって対応が異なるので，家族や理学療法士（PT）などから説明を受けておく必要があります。

　学習活動にあたっては，前述の「その子ども特有のサイン言語」やICT機器（視線入力装置や音声言語への代替装置等）を活用しながら，教師とのやりとりができる環境を整え，日常生活に即した内容を取り入れながら学習活動を展開していきます。その際，変形拘縮や認知機能により，自分で動かすことができる部位が他の子どもと比べて少ない分，行動の表出に時間を要したり，1つの動きが場面によって意図が変わったりすることもある点を加味して，「何度も連続して呼びかけず，少し待ってから次の声掛けを行う」や「場面や前後関

係を考慮」することが大切です。

コミュニケーションの指導については，「その子ども特有のサイン言語」から，「初対面の人にも推測可能なサイン言語」への変換，サイン言語の種類の拡大に向けた指導を行います。そのためには，その子どもが表出する動きが「サイン言語」として活用できるかの見極めが必要です。これについては，「その子ども特有の動き」「出しやすい動作」などの実態把握が求められます。合わせて，家族など「日常的に関わっている人」が「どのような動き」を「どのように解釈」しているのか情報共有を行うことが重要になります。

④ 重度重複障害（盲ろう）の理解と指導・援助

● （1）盲ろうの理解 ●

視覚と聴覚という2つの感覚器官が同時に障害された状態を「盲ろう」といいます。状態像としては，視覚障害の状態として「盲」と「弱視」を含み，聴覚障害の状態として「ろう」と「難聴」を含みます。それらの組み合わせから弱視と難聴が重なる場合でも盲ろうに含めています。

盲ろうという状態がもたらす困難は，一般に周囲の情報摂取とコミュニケーション，移動と空間定位において顕著に表れますが，中でも出生時あるいは生後早期に盲ろうとなった先天盲ろうの子どものコミュニケーション発達へ与える影響は甚大で，それは同時にこうした子どもたちの社会性や情緒の発達にも影響を及ぼします。

2000（平成12）年に国立特殊教育総合研究所重複障害教育研究部で実施された盲ろうの子どもの全国実態調査においては，338人の幼児・児童・生徒（3歳～18歳）が特定され，さらにこの調査で特定された盲ろうの子どもの多くが，盲ろうの他に知的障害や肢体不自由，病弱など複数の障害を併せ有していることが明らかにされました（国立特別支援教育総合研究所が2018年に発表した調査でも同様の結果が示されています）。

以上から，盲ろうの子どもの多くは，その視覚聴覚二重障害による発達的な困難を抱えるのみならず，併せ有する他の障害の影響によって困難がより複雑になり，その状態像は多様であるといえます。

●（2）盲ろうによる困難への指導・援助 ●

　盲ろうの子どもへの指導を開始するにあたって，最初に考えなければならないのは相互的コミュニケーションの成立です。とりわけ先天盲ろうの子どもの場合，そのままでは自然言語の発達は見込めないことから，早期からの意図的・専門的な働きかけが必要になります。

　まずは，受信（受容）と発信（表出）の二方向から，それぞれその子どもが活用できる感覚系と運動系をもとにコミュニケーションの手段を考えなければなりません。その際，視覚と聴覚のみならず，触覚や嗅覚，味覚も活用して多面的な手段を考えることが重要です。例えば，受信（大人からの発信）においては，子どもが水分摂取をする際に，大人が子どもの口元に特定の触れ方をして「飲むこと」を伝えるタッチ・キューによって活動の予告を行うことができます。また，コップなどの具体物やコップの持ち手などを切り取って板等に貼り付けた半具体物を子どもの手に触れさせることで，そのモノが特定の活動を象徴することが理解できれば，これも活動を予告するサイン（オブジェクト・キュー）になります。サインを送る大人（教員など）が身につけている時計やベルト，眼鏡，指輪などを名前の代わりとして触れさせることで，人を確定するネームサインとなります。こうしたオブジェクト・キューを時系列に配置して子どもに順番に触らせる（または一緒に触っていく）カレンダー・ボックスを用いれば，この先の流れを伝えることができるようになります。

　以上のような工夫により先の見通しを持てるようにすることで，子どもは安心し，かつ活動（またはともに活動する人）への期待と積極性を持つようになります。そして，子どもは自らの予測や期待を発信するようになります。子どもからの発信は，最初は表情や身体の動き，発声（唸り声）などの未分化で意図的とは見受けられないものが多いですが，これらを無視せず，子どもが意図的に発信した（こちらに伝えてきた）かのように読み取り，返していくことが大切です。その際，子どもの身体に表れた動きの部分に声をかけながら触れたり軽く動かしてみたりして返していく（フィードバックする）ことにより，子どもは外界のモノや人と自身の動き（表出）がつながっていくことを経験し，その経験が相互的コミュニケーションへの強い動機づけになります。

　指導を実施する教員は，このように子どもと自身との間で受信と発信が交代

し合う関係性をつくっていく中で，子どものコミュニケーションや探索活動の様子を注意深く観察し，子どもの発達する潜在力を探っていくことが求められます。その際には，子どもが興味・関心を示している活動，またはできることやわかることに焦点を当て，それらの活動を可能な限り手伝うことを出発点にして，次第にお互いが役割を分かち合う（または活動に貢献し合う）などして進行していく共同活動となるように働きかけていくことが重要です。

5 言語障害の理解と指導・援助

●（1）言語障害の理解 ●

　言語障害とは「発音が不明瞭であったり，話し言葉のリズムがスムーズでなかったりするため，話し言葉によるコミュニケーションが円滑に進まない状況であること，また，そのため本人が引け目を感じるなど社会生活上不都合な状態である」ことです[4]。この中には，構音障害（発音の誤り）や吃音，言語発達遅滞など，様々な言語の障害が含まれます。言語障害は，1993（平成5）年に制度化された「通級による指導」の対象であり，言語障害を主訴として通級による指導を受けている児童は2019（令和元）年5月1日現在で全国に39,691名います。これは，通級による指導を受けている子どもの3割弱にあたります。東京都の内訳は，構音障害が44％と最も多く，吃音と言語発達遅滞がそれぞれ27％です[5]。

　言語障害の種類は多岐にわたりますが，ここではスピーチ・チェイン（speech chain）に基づいて考えましょう。スピーチ・チェインとは話し手から聞き手への音声言語の伝わり方をモデル化したものです（図6-4）[6]。

　このモデルでは①話し手が発話内容を脳内で組み立て，②実際に口腔器官を動かして発話し，③空気中を音声波が伝わり，④聞き手の耳に届いて，⑤脳内で聞き取った内容を理解する，といった段階があります。吃音は①から②にかけての障害といえます。また，口唇口蓋裂は器質的な口腔器官の異常であり構音障害が生じますが，これは②の生理学的レベルの障害です。知的障害では言語理解や言語表出の障害が生じるため，①と⑤の問題と考えられます。聴覚障害は④の生理学的レベルの障害ですが，これにより①や⑤といった音声言語の

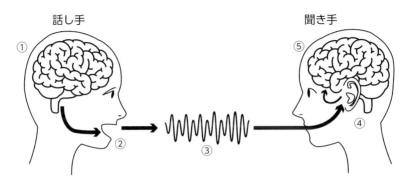

①言語学的レベル　②生理学的レベル　③音響レベル　④生理学的レベル　⑤言語学的レベル

図6－4　スピーチ・チェイン
Denes and Pinson（2015）を一部改変し作成

理解や表出に関わる言語学的レベルにも問題が生じやすくなります。

●（2）口唇口蓋裂由来の言語障害による困難とその指導・援助 ●

　口蓋に生じる先天性の形態異常を口蓋裂といいます。口蓋のみならず口唇にも裂が生じている場合は口唇口蓋裂と呼びます。比較的早期に手術が行われますが，初回口蓋形成術後も約半数に構音障害が生じます[7]。

　構音障害のある子どもへの通常学級での配慮としては，構音の誤りを指摘しないことがあげられます。指摘をしても構音の改善にはつながらず，むしろ発話意欲を削ぐおそれがあります。子どもが構音を誤った時には誤りを指摘するのではなく，正しい発音を聞かせるという対応が大切です（「ちりんだ」→「そうだね，きりんだね」と伝える）。発達に従い，正しい構音を習得することもありますが，常にそうとは限りません。側音化構音（構音時に呼気が口角から漏れる）や口蓋化構音（舌先を使わずに舌の中央部で構音する）など，構音指導をしないと治癒が難しい場合もあります。小学校就学の時点で一貫して構音の誤りがみられる場合には，近隣のことばの教室や言語聴覚士のいる医療機関に相談することが望ましいです。

　なお，器質的な問題がないにもかかわらず，構音障害が生じるケースも多く

みられます。その場合は，機能性構音障害と呼ばれます。ことばの教室に通級し，指導を受けている構音障害のある子どもの多くは機能性構音障害です。

●（3）聴覚障害由来の言語障害による困難とその指導・援助 ●

個人差はありますが，聴覚障害のある子どもたちには，構音障害や音声言語の理解や表出に遅れが生じやすい傾向がみられます。聴覚障害のある子どもは聴覚特別支援学校だけでなく通常学級やきこえの教室にも通っています。通常学級やきこえの教室の教員は，そのような子どもの聴覚障害由来の言語の問題をフォローする必要があります。その際には，情報保障が特に重要になってきます。補聴器を装用していても，後方や遠方から話しかけられたり騒音下で話しかけられたりする時には聞き取りが困難です。教員は「前方から」「口形が見えるように」を意識して子どもの聞こえにくさを補えるようにしましょう。授業では重要なキーワードを必ず文字で書き示すなど視覚情報を多くするようにし，授業内容を理解できるように促します。授業以外の場面でもこれから行うことを箇条書きで板書して，子どもが教員の指示を正しく把握できるようにします。また，必要に応じて，椅子や机の脚に半分に切ったテニスボールをつける等の工夫をすることで騒音を減らす対応を行います。

●（4）知的障害由来の言語障害による困難とその指導・援助 ●

知的障害があると，言語理解や言語表出など，幅広く言語発達全般の遅れが生じます。そのような子どもに対しては，授業の内容を正しく理解できるようにするための手立てが必要です。毎回の授業を同じ手順で進めるなど授業内容の構造化を進めると，子どもの授業に対する理解が深まります。また，知的障害のある子どもは抽象的な語彙の理解が特に困難です。より多くの語彙を習得できるように，知らない言葉については口頭で説明するだけでなく，タブレット端末で画像を示すなど，視覚情報を活用するとよいでしょう。

また，知的障害のある子どもの多くは言語性短期記憶に問題を呈していることが多く，教員の教示を聞きもらしやすい傾向があります。聞き落とさずに理解できるように，具体的かつ端的な教示や発問を心がけます。また，授業中の重要な発問は一度だけでなく何度も繰り返し言うように配慮します。

6 吃音の理解と指導・援助

● （1）吃音の理解 ●

　吃音（発達性吃音）とは語頭音の繰り返しや引き伸ばし，阻止（ブロック，詰まり）を中心とした発話の流暢性の障害を指します。有症率は1％，発症率は10％程度と考えられています[8]。吃音は2～3歳頃に始まり，約6～8割は幼児期のうちに自然に治癒しますが，一部は生涯にわたって症状が持続します。吃音の自然治癒はその多くが吃音開始後3年以内に生じており，5年以上経過した子どもの吃音は治癒しなかったという報告もあります[9]。吃音は生物学的な問題（遺伝，脳の構造や機能の問題）に由来するところが大きく，保護者の育て方や虐待によるものではありません[10]。また，叱責による心理的ストレスによって吃音が生じるということもありません。

　以前は，子どもに吃音の話をしてはいけないと考えられていました。それは吃音の話をすることで，子どもが自分の吃音に気づき，症状が悪化すると考えられていたためです。しかし，今日ではその考えは否定されています。吃音のある子どもの多くは小学校就学までに自らの吃音に気づいています[11]。教員が吃音の話題を意図的に避けようとすると「吃音のことは隠さないといけない」と子どもに誤解させてしまう可能性がありますので，注意が必要です。

● （2）吃音による困難とその指導・援助 ●

　吃音のある子どもの多くは通常学級に在籍していますが，周囲の子どもから話し方の真似をされたり，からかいを受けたりしやすく，自己肯定感が低下してしまうことがあります。教員は，吃音のある子どもが安心して学級で過ごせるように支援していく必要があります。教員ができる支援として次の3点があげられます。

1）吃音へのからかいやいじめのない学級環境を整える

　普段からいじめは絶対に許さないという学級運営を進めるとともに，吃音に対するからかいに対しても毅然とした対応をします。また，本人と保護者の同意が得られるのであれば，クラスメイトに吃音のことを伝えてもよいでしょう。

吃音のからかいの多くは，吃音を正しく知らないことに起因します。正しい情報を提供することで，吃音に対するからかいを未然に防ぐことができます。クラスメイトに吃音のことを伝える際には「言葉をうまく話すことができず，困っている」ということだけでなく，「話し方を真似したりいじったりしないでほしい」「吃音が出ても，最後まで話を聞いてほしい」など，具体的な配慮事項を伝えましょう。

2）吃音で困る場面について子どもと一緒に話し合い，対応を考える

吃音のある子どもは，自己紹介，日直，授業中の音読，発表，学芸会の劇といった場面に対して「うまく話せるだろうか」と不安を抱きがちです。これらについては一律に免除するのではなく，本人の考えを尊重しつつ，どうすれば参加できるかを考えることが重要となります。吃音は他の人と一緒に声を出す状況では生じないという特性がありますので，他の人と一緒に言う形式にすることで解決できる場合があります。また，制限時間のある九九のテストに困る子どもの場合であれば，制限時間をなくしたり大幅に緩和したりするなどの配慮が考えられます。中学校の英語のスピーキングテストの場合では，吃音症状による減点はしないことも重要です。

3）吃音で困った時に教員に援助を求められるようにする

子どもが吃音で困った時に教員に援助を求められるように，普段から吃音で困っていることがないかを定期的に確認することはとても大切です。先述した通り，吃音のことを話題にしても症状が悪化することはありません。普段から話題に取り上げることによって，本人が困った時に教員に援助を求めやすくなります。

7 情緒障害の理解と指導・援助

●（1）情緒障害の理解 ●

学校教育の現場で採用されている障害区分の中で，情緒障害はいくぶん独特な位置づけにあります。以前の特殊教育時代の情緒障害学級は，定義上受け入れ先が存在しなかった自閉症の子どもの対応の場という側面があり，併せて，他に学校での生活・学習に様々な不適応を示す子どもの受け止め先という印象

でした。

　現在では，情緒障害という障害区分は自閉症・情緒障害と改められています。本書では，便宜上，情緒障害のみを取り上げます。

　まず，文部科学省は情緒障害について「周囲の環境から受けるストレスによって生じたストレス反応として状況に合わない心身の状態が持続し，それらを自分の意思ではコントロールできないことが継続している状態」と定義しています。

　情緒障害の核心は場にそぐわないストレス反応が本人の統制外で発生してしまうことです。そのため，情緒障害の現れ方や強さ，現れる時期が子ども個人の状況に依存して変動し，客観的に見て，ほとんど問題らしい問題を感じさせない例（子ども本人の主観では，困難さを感じている）があるかと思えば，周囲から見て明らかに学校生活や社会生活への適応が困難になっている場合まであります。

　情緒障害を適切に理解するために気をつけなければいけないことは，どのような場合であっても，子ども一人ひとりが感じているストレスは非常に大きいということと，そのストレス反応の制御がとても難しいことの2つを忘れないことです。そうすることで，一見軽そうだからやらせてみよう，というその子どもにとって大変なことを無理やりやらせてしまうといった対応も減らすことができます。

　よく聞かれる例としては，選択性かん黙（特定の場面で全く話せなくなる）のケースが多いのですが，その選択性かん黙の子どもへ周囲がなんとか話をさせようと関わり過ぎたことで，その子どもに強い緊張感を与えてしまい，萎縮させ，最終的に対人恐怖や不登校状態に至るという話があります。適切な対応の方針は，"話をさせよう"ではなく，"ストレスを減らしリラックスできるようにしよう"なのです。

●（2）情緒障害のある子どもの困難とその指導・援助　●

　情緒障害のある子どもの困難は，ストレス反応の結果として現れるものであることから，一人ひとりの子どもで異なる現れ方をすることになり，典型的な例を知りたいと考え始めると非常にわかりにくいものになります。このストレ

ス反応の現れ方には，「内在化問題行動」と「外在化問題行動」という区分があります。

　内在化問題行動については，かん黙（話せない），過度の不安や恐怖，抑うつ，身体愁訴（身体の不調），集団行動や社会的行動の回避（強い不安が原因），等の現れ方があげられています。

　一方，外在化問題行動については，かんしゃくや怒り発作，離席，教室からの抜け出し，規則違反的行動や攻撃的行動，集団からの逸脱，等の現れ方があげられています。

　これらの区分をみると，精神疾患における陰性症状と陽性症状の対比と非常に似ています。

　情緒障害児への指導は，通常の学級での指導・通級による指導の利用・特別支援学級での指導という3つの場があります。なお，情緒障害の程度は，通常の学級での指導・通級による指導の利用・特別支援学級での指導，の順に重くなります。

1）通常の学級での指導

　通常の学級での指導が可能ということは，その子どもの情緒障害自体が目立ちにくいか困難さが弱いと見なされているということです。主訴は，周囲の視線に敏感である，とか，自らが置かれている状況を気にしやすい，ということです。

　この主訴は周囲にはなかなか理解されにくいものです。そのため，訴えがあったら，その子どもが落ち着くことのできる席の場所などを事前に把握しておく，等の配慮を行った上で指導をすることが重要です。

2）通級による指導の利用

　次に，通級による指導の利用を考える情緒障害児への指導ですが，この障害程度については，文部科学省の通知により「主として心理的な要因による選択性かん黙があるもので，通常の学級で学習におおむね参加でき，一部特別な指導を必要とする程度のもの」とされています。通級による指導を利用する子どもへは，在籍校種（小学校・中学校・高等学校）の教育課程に基づく教育を行いますが，特別の教育課程を編成する場合，特別支援学校小学部・中学部学習指導要領，特別支援学校高等部学習指導要領に示されている自立活動の内容を

参考に指導目標や指導内容を設定します。

　また，選択性かん黙等の子どもに関しては，人との意思疎通を図ることや主体的なコミュニケーション等の困難さについて，改善・克服することを目指すことになります。

3）特別支援学級での指導

　最後に，特別支援学級での指導の対象となる情緒障害児への指導ですが，この障害程度は「主として心理的な要因による選択性かん黙等があるもので，社会生活への適応が困難である程度のもの」とされています。一斉指示の理解の困難や環境からのストレスを強く受けてしまうことで情緒的な不安定状態になった時，具体的な方法を通して落ち着きを取り戻せるように子ども一人ひとりの状態等に応じた指導内容・方法を工夫・検討して適切な指導を模索できるところが自閉症・情緒障害特別支援学級の特色です。

　ここでの教育の基本は，小学校や中学校の目的・目標の達成を目指すことですが，子どもの障害の状態等に応じて，特別の教育課程を編成して指導することができます。特に自立活動においては，選択性かん黙の状態に応じて，様々な困難を主体的に改善・克服していくために，苦手な聴覚刺激の調整を自律的に行うことで心理的な安定を図ることや話し言葉以外の手段を有効に活用して他者との意思疎通を図ること等を指導しています。さらに，特別な教育課程の編成にあたっては，各教科の目標や内容を下学年の教科の目標に替えることもできます。

```
         第6章のまとめ
```

　第6章では，病気の子どもたちや重複障害，言語障害，情緒障害について整理しました。ここで取り扱う障害は，子どもたちの状況が多様であること，同じ障害名でも実態（子どもの様子）が大きく異なるという特徴があります。介護等体験や教育実習でこれらの障害のある子どもたちと接する時には，普段関わっている職員や先生方に確認してから対応するように心がけてください。

　本章の内容について，復習を兼ねて以下の観点から整理しましょう。

① 病気の子どもが抱える難しさにはどのようなことがあるのか整理してみよう。

②「医療的ケア」とはどのようなものか，「医療的ケア」を必要としている子どもにはどのような配慮が必要か整理してみよう。

③「重症心身障害児」と「盲ろう児」それぞれの臨床像と配慮事項の違いを比較してみよう。

④ 言語障害の発症要因と発症要因に応じた指導方法を整理してみよう。

⑤ 情緒障害について，指導の3つの「場」とそれぞれの場で行う指導の特徴について整理してみよう。

⑥ 本章で取り上げた障害のある子どもに担任として関わる，あるいはクラスの子ども同士が関わる際，どのような点に注意・配慮する必要があるか考えてみよう。

引用文献

1）北住映二："医療的ケア"の再定義．小児看護，41（5），2018，pp.522-529
2）大島一良：重症心身障害の基本的問題．公衆衛生，35（11），1971，pp.648-655
3）横地健治：重症心身障害児の知的機能をどのようにとらえるか？―横地分類について―．小児看護，39（5），2016，pp.522-526
4）文部科学省：(6) 言語障害（https://www.mext.go.jp/a_menu/shotou/tokubetu/mext_00806.html）
5）東京都公立学校難聴・言語障害教育研究協議会：令和2年度紀要―第50集―，2021
6）Denes, B., Pinson, E. N.: The Speech Chain: The Physics and Biology of Spoken Language, Second Edition, Waveland Press, 2015.
7）經田香織・山﨑憲子・寺口奏子・宮澤徹・三輪高喜：口蓋裂の言語治療，口腔・咽頭科，31（2），2018，pp.175-178
8）Bloodstein, O., Bernstein Ratner, N.: A handbook on stuttering (6th ed), Clifton Park, 2008
9）Yairi E., Ambrose N.: Early Childhood Stuttering, Pro Ed, 2005.

10）発達性吃音の研究プロジェクト：幼児吃音臨床ガイドライン（第1版），2021
（http://kitsuon-kenkyu.umin.jp/guideline/v1/YoujiKitsuonCGL2021.pdf）
11）Kikuchi, Y., Umezaki, T., Adachi, K., Sawatsubashi, M.,Taura, M., Yamaguchi, Y.,Tsuchihashi, N., Murakami, D., and Nakagawa, T.: Awareness of stuttering in Japanese children aged 3-7 years. Pediatrics international, 63, 2021, 150-153

■参考文献■
・国立特殊教育総合研究所重複障害教育研究部：目と耳の両方が不自由な子どもとかかわるために，1997（http://www.nise.go.jp/research/chofuku/dai1/booklet.html）
・梅津八三：心理学/梅津八三の仕事（第1巻〜第3巻），春風社，2000
・全国盲ろう者協会：盲ろう者への通訳・介助―「光」と「音」を伝えるための方法と技術―，読書工房，2008
・柘植雅義・木舩憲幸編著：改訂新版 特別支援教育総論，放送大学教育振興会，2015
・文部科学省：障害のある子供の教育支援の手引〜子供たち一人一人の教育的ニーズを踏まえた学びの充実に向けて〜，2022

第7章 環境の制約により生じる困難の理解

　第7章では，特別の支援を必要とする子どもの中でも，環境による制約が大きいと考えられる子どもの理解について説明します。具体的には日本語指導が必要な（日本語を母語としない）子どもや貧困，外見に由来する区別や差別を受けている子ども、虐待や不登校についても取り上げます。

　第7章の内容を学習するにあたって，小学校（中学校）学習指導要領の総則に示されている「特別な配慮を必要とする児童（生徒）」の概要を事前学習（予習）として再確認しておくと，理解がより深まるでしょう。

1 日本語指導が必要な子どもの理解と指導・援助

（1）日本語指導が必要な子どもの理解

1）実態と生活上・学習上の困難

　日本語指導が必要な子どもが増えています。文部科学省は，2021（令和3）年5月1日現在で行った「日本語指導が必要な児童生徒の受入状況等に関する調査」の結果を，2022（令和4）年10月に公表しました。

　調査結果の主な概要を見ると，「日本語指導が必要な児童・生徒の学校種別在籍状況」としては，日本語指導が必要な児童・生徒数が58,307人（前回調査から7,181人増。以下，括弧内は前回調査値からの増減）でした。内訳は，日本語指導が必要な外国籍の児童・生徒数が47,619人（6,864人増）で，日本語指導が必要な日本国籍の児童・生徒数が10,688人（317人増）でした。

　また，日本語指導が必要な児童・生徒のうち，学校において特別の配慮に基づく指導を受けている比率・実数は，外国籍の児童・生徒の場合，91.0%（11.5ポイント増）（43,332人（10,914人増））にのぼり，日本国籍の児童・生徒の場

合，88.1％（13.7ポイント増）（9,419人（1,700人増））となりました。なお，ここでの“特別の配慮に基づく指導”とは，当該児童・生徒に対して「特別の教育課程」による日本語指導，並びに教科の補習（在籍学級や放課後を含む），学校で何らかの日本語指導等を行うこと，とされます。

　続いて，いわゆる学齢児童・学齢生徒が通う学校において，特別の配慮に基づく指導を受けている児童・生徒に占める「特別の教育課程」による日本語指導を受けている者の比率と数を見ると，外国籍の児童・生徒の場合，73.4％（12.6ポイント増）（31,796人（12,101人増））が該当し，日本国籍の児童・生徒の場合，67.5％（10.2ポイント増）（6,361人（1,941人増））が該当しました。

　上記2つの調査結果は，特別の配慮に基づく指導が行われている中でどの程度まで「特別の教育課程」に基づいた指導が行われているのかを明らかにしています。系統的な指導実践が行われているというためには，関係者の善意と工夫という水準を抜け出て，組織的な指導体制の構築が求められるため，「特別の教育課程」による指導の充実が大きな課題であるといえます。

　その他に，興味深い結果を示した調査項目が「日本語指導が必要な外国籍の児童生徒の言語別在籍状況」と「日本語指導が必要な日本国籍の児童生徒の言語別在籍状況」です。

　前者の結果，ポルトガル語を母語とする者の割合が全体の約1/4を占めて最も多いことがわかりました。これは日本国内で生活している外国籍の人の大小とはずれている点が興味深いところです。現時点で，日本国内で生活している外国籍の人は中華人民共和国籍の人が最多です。さらに，後者の結果は，日本語を使用する者の割合が28.7％で最も多く，二番目がフィリピノ語（フィリピンの国語）で21.5％であることがわかりました。

　また，今回新たに加えられた調査項目のうち，「特別支援学級における日本語指導が必要な児童生徒の在籍状況」が注目されます。結果としては，外国籍の児童・生徒が2,199人数えられました。

　以上，文部科学省による調査から，日本語指導が必要な児童・生徒の実態を見てきましたが，この調査結果から様々なことが推測できます。

　例えば，「児童・生徒」が対象となっている調査ですから，「幼児の段階ではどのような状況になっているのか」という点が気になります。「児童・生徒」

の将来予測は現在の「幼児」の実数と関係が深いからです。

　次に，日本語指導が必要な“日本国籍”の児童・生徒が一定数存在することです。この点を強調する理由は，日本語指導の必要性が言語能力とは別の性質や属性に影響されている可能性があることに気づいてほしいからです。

　さらに，特別支援学級における日本語指導が必要な児童・生徒の在籍状況の結果は，今後，日本語指導の必要性の観点と障害のある児童・生徒の指導の観点の両方で「特別の教育課程」をどのように編成するのか，また，両方の指導方法をいかに統合して運用するのか，等の動向が大いに注目されます。

２）国籍と言語能力との関係

　日本国籍を持つ子どもに日本語指導（国語ではなく）が必要という事実は，少々受け止めることに時間が必要かも知れません。“日本国籍を持っているのだから日本語は普通に使えるでしょう”という思い込みは，“北海道・東北生まれの人は雪国育ちだからスキー・スノーボード・スケートは得意でしょう”という思い込みに似ています。しかしながら，国籍の取得方法について確認していくと国籍と言語能力との関係はそれほど強くないことがわかります。

　国籍の取得方法には，大きく生地主義（出生地主義とも）と血統主義という２つの考え方があり，各国ではそのどちらかの方法が採用されています。前者は，アメリカ合衆国が代表的などちらかというとマイナーな立場の考え方で，その子どもの生まれた国が国籍となるという考え方です。後者は，日本も含まれるメジャーな立場の考え方で，その子の親の国籍に従うという考え方です。

　言語能力の発達は，その子どもがどのような言語環境の下で成長を遂げたのか，ということに大きく影響を受けますが，血統主義の考え方で国籍を処理する国の場合，子どもの生活環境が国籍に象徴される文化圏とイコールであるという保証がありません。例えば，帰国子女の一部や生まれが日本国外で父母（日本国籍保持者）の事情で日本に移り住んだ子どもは国籍が日本であってもそれまで生活していた環境が日本語以外の文化のものであるため，日本への移住後に日本語指導をしなければいけない状況が発生することになるのです。

　ただ，国籍と言語能力の関係を考える時にもう１つ注意しなければならないのは，どこの国籍なのかは関係なく，日本に転居してきた子どもの年齢も日本語指導の必要性や内容を左右する要因になるということです。

　これは，その子どもの認知発達段階がある程度の抽象的思考が可能になっている頃に転居・移住したのであれば，最初の頃は日本語の習得に苦労したとしても，日本語スキルの向上に伴い，母語で習得した水準まで日本語でも抽象的な思考ができるようになると指摘されているからです。ピアジェの認知発達段階（第2章参照）のとらえ方とこれらの知見を合わせて考えてみると，母語による思考の様式が具体的操作の段階に到達していた場合での転居・移住ならば，日本語能力の伸長により日本語による具体的操作も可能になるという説明になります。

　ただ，この現象について気になることは，子どもが抽象的な思考が可能になる程に母語の環境で育っている状況での転居・移住であれば，という条件（制限）がかかっている点です。例えば，もしも抽象的な思考の段階の前，前操作期のただ中にある子どもが母語の環境を離れて日本へ転居・移住してきたとしたら，このような現象は確認できるのでしょうか。少なくともこの現象を合理的に説明するならば，子どもの認知能力と言語能力は強く関連しているが別々に発達を遂げることができるものである，ということは指摘できそうです。

　いずれにしても，国籍の情報に目を奪われてしまい，その子どもの持っている認知能力と言語能力の程度や関係性が見えなくなってしまうのは避けなければならないでしょう。

3）生活言語能力と学習言語能力

　子どもの認知能力と言語能力の間に推定される独立性と類似した現象は，他に"生活言語能力"と"学習言語能力"という整理の仕方でも確認されています。この生活言語能力と学習言語能力という整理の仕方自体は，少し古いとらえ方になりつつありますが，現在でも示唆に富んでいます。

　生活言語能力とは，聴覚系優位の理解と音声応答で特徴づけられる能力で，比較的早く獲得できます。一方，学習言語能力とは，視覚系優位の理解と概念操作で特徴づけられる能力で，生活言語能力と比べて獲得に時間がかかります。生活言語能力と学習言語能力のそれぞれが優勢となる時期は異なっています。聴覚系優位の理解を特徴に持つ生活言語能力は人生の最早期から伸長が始まりますが，視覚系優位の理解を特徴に持つ学習言語能力の伸長は生活言語能力の伸長の後に出現します。学習言語能力の場合，文字や数字といった具体物を代

替する記号の蓄積と操作が求められるためです。

　小学校に入学する以前の段階では，幼稚園教育要領や保育所保育指針，幼保連携型認定こども園教育・保育要領，小学校学習指導要領等でも示されている通り，書き取りという練習をするのではなく文字や記号に対する興味・関心を育むことが重視されており，生活言語能力を操ることで保育所・幼稚園等での生活や遊びは，十分事足りています。

　しかし，就学期を迎えて小学校に入学すると，言葉がコミュニケーションの手段という役割だけでなく，思考の道具としての役割を強く帯び始め，学習言語能力の伸長がその後の学業成績へ直接影響を与えていくことになります。

　そのような状況が基盤としてあるところに，日本語指導が必要な児童・生徒の問題が重なっていくことになります。よく観察される事態としては，クラスメイトとの会話は流暢で，取り扱っている話題はある程度の知識が必要なものであるため，その会話から推測される学習能力は高めに周囲から評価されるのですが，実際に教科書を読んで理解するというような学習能力はずいぶんと低い状況に留まっている，というものです。この状況が固定化されると，母語による学習言語能力の伸長が阻害されるだけでなく，第二言語としての日本語による学習言語能力の伸長も阻害されてしまうことになります。このような状態は，極力避けなければなりません。

●（2）日本語指導が必要な子どもへの指導・援助　●

1）多文化共生の重視と母語の重要性

　日本語指導が必要な子どもへの指導・援助として，まず，押さえなければいけない考え方としては，“多文化共生”の重視があります。それぞれに異なる特徴を持つ文化的行為が同一空間で互いに尊重されつつ営まれること，とここでは定義しておきます。

　海外から日本に転居・移住してきたのだから，以前住んでいた土地の習慣やルールではなく，これから住む土地の習慣やルールに従うこと，という考え方があります。“郷に入れば郷に従え”という諺は，何も日本だけに存在するものではなく，海外でも存在します（英語では“when in Rome, do as the Romans do”といいます）。

　生活の知恵という意味であれば，自らが育った場所を離れて生活を営む場合，たどり着いた土地の流儀やしきたりを守ることはノウハウとして大切ですが，日本語指導が必要な児童・生徒の指導・援助の文脈では，事はそれほど単純ではありません。転居・移住が永続的ではない可能性があるからです。外国籍の保護者が日本国籍を取得し，日本人として日本で生活していくという話であれば，まさに"when in Rome, do as the Romans do"の発想で大きな問題は生じないでしょう。しかし，外国籍の保護者の中には日本で働き，ある程度の経済的成功を収めた後，"故郷に錦を飾る"という感覚で出身地へ戻るという動きをする人がいます。保護者はすでに母語による思考様式が確立しているので，母語→日本語→母語という言語環境を渡り歩くとしても対応できるのですが，一緒に転居・移住をする子どもにとっては様々な問題を孕んできます。

　まず，認知発達が抽象的な思考を維持できる水準に到達できていない段階で言語環境が変更された場合，上述したような母語も日本語も使いこなしが不十分になってしまう危険性があります。そして，その状況にあるところで再び出生地に転居・移住をすると，今度は日本での生活を通して馴染み，身につけてきた様々な日本文化的な知識や振る舞いが出生地のそれと違うことから，その子どものアイデンティティを動揺させてしまうのです。あるいは何らかの実害を受ける危険性まであります。

　"多文化共生"という考え方を重視することと母語の重要性を認識することは，そのような状況や環境に置かれた子どもが先々困難な状況に置かれることがないようにするために必要になるのです。

　日本での生活においても生まれ故郷の生活文化を周囲の隣人から大切にされることや母語としてなじんだ言語体系で抽象的な思考を行う習慣を維持することを，日頃の授業（小学校教員等），生活，遊び（幼稚園教員）にいかに落とし込んでいくのか，ということを考えていけるようにしてください。

2）JSLカリキュラム，DLAアセスメント

　「JSLカリキュラム」や「DLAアセスメント」は，日本語指導が必要な児童・生徒の指導にあたって有用なツールとなるよう開発されました。

　JSLカリキュラムとは，「日本語の力が不十分なため，日常の学習活動に支障が生じている子どもたちに対して，学習活動に参加するための力の育成を図

るためのカリキュラム」のことです。"JSL"の部分は"Japanese as a second language"の省略形です（第二言語としての日本語の意）。

　JSLカリキュラムは，通常の教育課程と趣が異なり，あらかじめ決められた内容を教えるのではなく，対象となる一人ひとりの子どもの学習歴や日本語能力に応じて指導内容や指導法を創意工夫することになっています。障害のある子どもの指導のために作成する「個別の指導計画」と考え方が似ています。しかしながらJSLは，子どもの状況に臨機応変な対応が必要であるため，教職の経験が短いうちは対応が大変です。

　一方，DLAアセスメントとは，上述したJSLカリキュラムを実際に展開するにあたって，一人ひとりの日本語指導が必要な子どもの能力を正しく把握し，適切な内容を提供していくための評価ツールになります。"DLA"の部分は"dialogic language assessment"の省略形です。「対話型アセスメント」と呼ばれます。

　「対話型アセスメント」と呼ばれるだけあって，この評価システムは教員が対象児と日常的な会話を交わす過程で評価を行っていきます。対象と直接関わる参与観察という状況でその評価作業が行われることから，子どもの日本語能力について，会話を通して適切に評価するというところに意識を向け過ぎてしまうという参与観察の落とし穴に注意する必要があります。つまり，自分が対象児と関わっている時の姿だけがこの子どもの姿の全体ではないのです。

　JSLカリキュラム，DLAアセスメントについての詳細は，文部科学省のwebサイト（https://www.mext.go.jp/a_menu/shotou/clarinet/003/1345413.htm）より資料をダウンロードして手に入れることができます。

② 貧困家庭の子どもの理解と指導・援助

●（1）貧困家庭の子どもの理解 ●

1）貧困の定義と日本における現状

　環境の制約により生じる困難の2つ目が「貧困」です。数年前のことになりますが，筆者のゼミの学生から，教育実習に訪れた小学校で新しいノートが買えないらしい児童がいておどろいた，という話を聞きました。その児童は，あ

らかた書き終えてしまったノートに，さらに板書を写さなければならないと鉛筆で書いた文字を指でこすって消して（伸ばして？），黒いままのそこに文字を書いていたそうです。その後，その学生は貧困家庭の子どものことを卒業論文のテーマにしていきました。今や"貧困"は子どもの間近で存在感を肥大化させている特別な教育的ニーズであるのです。

　"貧困"には，2つのとらえ方があります。それは，絶対的貧困と相対的貧困です。絶対的貧困とは，人間が生命を維持するために必要な最低限の生活もままならない状態をいい，世界銀行が定める「国際貧困ライン」によって定義されます。2015年，より正確に貧困層の数を把握するため，この基準を1日1.25ドル以下で生活する状態から1日1.90ドル以下と改められました。この指標で貧困層の対世界人口比を見ると，1990年に35.9％だったものが2015年には10％となり，世界経済の発展に伴って絶対的貧困層は減少しているととらえられています。

　しかし，もう1つの貧困の形である相対的貧困は，先進国とされる国でも存在しています。OECD（経済協力開発機構）が発表している相対的貧困率の最新データでは，調査した国の中で相対的貧困率が高い順に，1位がコスタリカ，2位がブルガリア，3位がイスラエルとなっています[1]。なお，相対的貧困率の定義は，「一定基準（貧困線）を下回る等価可処分所得しか得ていない者の割合」のことをいい，世帯の可処分所得（収入から税金・社会保険料等を除いた手取り収入）を世帯員数の平方根で割った（これを等価可処分所得といいます）中央値の半額が"貧困線"となります。

　この調査では，日本は相対的貧困率が高いほうから7番目であり，相対的貧困率は15.7％となっています。「2019年国民生活基礎調査」（厚生労働省）では，2018年の17歳以下の子どもの相対的貧困率は13.5％（貧困線は127万円）であり，約7人に1人が相対的貧困に該当しています。

2）貧困家庭の子どもが抱える生活上・学習上の困難

　相対的貧困率を上昇させる要因の1つが"ひとり親家庭"の増加です。現在，養育費未払い問題が注目されていますが，ひとり親家庭で暮らす子どもは，保護者の労働時間の長時間化などの影響を受け，子どもの生活リズムが崩れることにつながることが多くあります。また，子どもの年齢が上がると家事労働に

時間が割かれ，高校生になればアルバイトを行い，生活費を家庭へ入れるという状況も出てきます。様々なストレスを抱えながら学習時間が減るのです（他に，家族の介護に携わる“ヤングケアラー”という言葉が紹介されたのは最近のことです）。

　また，貧困状態にある子どもの学力は10歳（小学4年生）頃から急激に低下することが指摘されています。学習内容が基礎知識の蓄積から応用に変化していくにもかかわらず，多くの貧困家庭の子どもは宿題を一人でしなければならないため，わからないところをわからないままにしてしまうことになり，結果，授業についていけない状況に陥り，その状況が固定化してしまうのです。

●（2）貧困家庭の子どもへの指導・援助 ●

　貧困家庭の子どもへの指導や援助を考える場合，学校の教員という立場からできることは非常に限られています。貧困という状態を児童・生徒自身の努力でどうにかできるものではないからです。児童・生徒本人が何もできない状況にある以上，学校の教員にできることは，ほとんどありません。

　相対的貧困の説明でも触れましたが，家族や世帯の収入の水準が貧困状態か否かを規定しています。そのため，現在の日本では，レアケースを除き，児童労働が禁止され，保護者が15歳未満の子女に教育を受けさせる義務を負っている以上，保護者には何らかの方法で収入を増やすことでしか相対的貧困の状態を脱する方法がないのです。ただし，だからといって学校の教員が何もしないということにはならないので，「学校の教員だからこそできることは何だろう」という視点で考えることが必要になります。

　例えば，授業を通して児童・生徒の知的能力の発達を援助することやたくさんの知識を提供することを通して社会人として生きていくための常識を児童・生徒自身が身につけることを援助するということが考えられます。

　また，相対的貧困は周囲からわかりにくいこともあるため，その徴候を把握したら授業時間だけでなくそれ以外の時間，例えば，学級活動・学校行事の時間での説明や，やり取りでの言葉遣いに十分留意し，その児童・生徒が相対的貧困の状況にあることを周囲に覚られないようにする配慮も必要です。

　学校の教員として相対的貧困の児童・生徒への支援を行う際に基本とすべき

ことは，"教育格差をいかに小さく抑えるのか"という観点から思索を立ち上げることです。児童・生徒自身が学ぶための時間を捻出することができ，わからない時に丁寧な助言が得られる環境を，多職種連携を視野に入れて構築することが貧困家庭の子どもへの指導・援助には大切になります。その上で，授業内容の見直しやいわゆる学童保育との連携の強化が重要になります。

③ 被虐待児の理解と指導・援助

● （1）児童虐待の現状と児童虐待防止法 ●

　2000（平成12）年に「児童虐待の防止等に関する法律」（通称：児童虐待防止法）が施行され，その第2条に児童虐待が定義されています。すなわち「保護者（親権を行う者，未成年後見人その他の者で，児童を現に監護するものをいう。以下同じ。）がその監護する児童（18歳に満たない者をいう。以下同じ。）について行う次に掲げる行為をいう」と記されています。この「次に揚げる行為」とは①身体的虐待，②性的虐待，③ネグレクト（保護の怠慢・拒否），④心理的虐待の4つで，これらの行為を児童虐待といいます。

　厚生労働省は，児童相談所による2021（令和3）年度の児童虐待相談対応件数が207,660件であることを公表しています。その内訳は，虐待の中でも心理的虐待が124,722件（60.1％）と最も多く，次に身体的虐待が49,241件（23.7％），ネグレクトが31,448件（15.1％），性的虐待が2,247件（1.1％）となっています。総数としては毎年増加を続けています。

　児童虐待防止法の第5条では，教育現場において学校の教職員等は「児童虐待を発見しやすい立場にあることを自覚し，児童虐待の早期発見に努めなければならない」と定められています。第6条では，「児童虐待を受けたと思われる児童を発見した者は，速やかに，これを市町村，都道府県の設置する福祉事務所若しくは児童相談所に通告しなければならない」と国民の通告義務が規定されています。この通告は「児童虐待を受けたと思われる児童」とあるように，児童虐待の確証がなくても通告する義務があることを示しています。同法第6条では，児童虐待の通告が刑法の秘密漏示罪をはじめとした守秘義務に関する法律に違反するものではないことも明記されています。教員が児童虐待の可能

性に気づいた時は，確証がない場合であっても管理職や特別支援教育コーディ
ネーターなどに相談することが望まれます。また，管理職が動かない場合など
には，匿名で児童相談所に通告することができます。

●（2）児童虐待の心理的・身体的影響 ●

　児童虐待を受けた子どもは心身に深刻なダメージを受けます。注意が必要な
のは，虐待の経験は子どもの自尊感情を損なうだけではなく，心的外傷（トラ
ウマ）の結果として複雑性PTSD（複雑性心的外傷後ストレス障害）や反応性
愛着障害などの精神医学的な症状を呈する場合が多いことです。

　複雑性PTSDとは，虐待やDV（ドメスティックバイオレンス：家庭内暴力），
いじめなどの逃れることが困難な状況の中で，日常的に加害行為が繰り返され
ることによって現れる症状です。それはトラウマ記憶の侵入的再現（フラッ
シュバックなど），トラウマに関連する状況の回避，過覚醒などの一般的な
PTSDの症状に，否定的自己認知，感情の制御困難，対人関係上の困難などが
加わります[2]。さらに，不安障害，うつ病，パニック，解離症状，嗜癖，自傷
行為，摂食障害，パーソナリティ障害を併発することが少なくありません。

　反応性愛着障害とは，生後5歳未満までに養育者との間の愛着形成が妨げら
れ，愛着関係が持てず，人格形成の基盤における適切な人間関係をつくる能力
の障害のことをいいます[3]。反応性愛着障害には抑制型と脱抑制型とがありま
す。抑制型は他者と安定した関係を持つことができず，他者に対して無関心を
示すことが多いのですが，脱抑制型は抑制型とは異なって，他者に対して無警
戒で無差別的に過剰な接近を示します。臨床像としては，抑制型はASD（自閉
スペクトラム症）によく似ており，脱抑制型はADHD（注意欠如多動症）に類
似していて，どちらも鑑別が難しいのが特徴です。さらに子どもに発達障害が
あると虐待のリスクが高まるので鑑別がよりいっそう困難になります[4]。

　児童虐待の影響は年齢による推移があり，幼児期は反応性愛着障害として現
れ，小学生になると多動性行動障害が目立ち，思春期になると解離性障害や
PTSDの症状が明確になり，その一部は非行に推移します。そして，これらが
未治療であると最終的には複雑性PTSDの病態を示すようになります[5]。

　児童虐待は子どもの知的能力にもネガティブな影響を与えます。被虐待児は

境界知能（IQ70〜84に該当。知的障害（IQ69以下）と平均的IQ85〜115の境にある）を示す場合が多く，知的能力に見合った学力を有せず総じて低学力です[6]。また児童虐待が脳の発達を妨げることも知られています。例えばPTSDの症状のある被虐待児の脳の研究では，実行機能を司る前頭前野や右脳と左脳とをつなぐ脳梁の体積の減少が報告されています[7]。脳梁が小さければ右脳と左脳の共同作業が滞り，そのために解離症状が強く現れるようになると推測されています。被虐待児は記憶や情動に関与する海馬や扁桃体の体積が小さい可能性も指摘されています[7]。そしてPTSDの症状である記憶の障害やフラッシュバックが，海馬や扁桃体の機能不全と関係しているのではないかと考えられています。このように虐待の経験は脳の発達にもネガティブな影響を与える可能性がありますので，心理療法のほかに生活療法や薬物療法などを採り入れた包括的なケアが不可欠になります[7]。

●（3）愛着障害をはじめとする用語の混乱 ●

　近年，愛着障害という言葉が注目を浴びており，様々な雑誌などのメディアで特集が組まれるなど医療，教育，福祉，心理の現場で広く浸透しています。しかし，かつて発達障害という言葉が流行して濫用されたように，愛着障害という言葉が誤用され，その概念が適切に理解されずに，拡大解釈される形で普及していることが懸念されます。問題行動を起こす子どもに対して，十分なアセスメントをせずに，また医師による診断が下されていないのに，子どもの問題行動を説明するために愛着障害というレッテルが安易に貼られるようになることが危惧されます。様々な現場で，問題を親子関係に帰して，養育者の育て方を責め立てるような場面が往々にして見受けられます。愛着障害という言葉を使用すると，子どもの問題行動が解明できたような心持ちになり，一種の安心感を得ることができるのかもしれません。しかしそれは子どもや養育者の利益にはならず，人権を蹂躙する結果にもなりかねません。

　深刻な問題行動を起こす子どもに対しては，まずは学校全体でチームを組み，外部関連機関や専門家との連携を取った上で指導と援助とに取り組む必要があります。学級担任は児童虐待の早期発見に努め，その疑いがある場合にはまずは管理職等に報告・相談をすることが先決です。子どもに対しては，学校が安

心・安全な場であることを保障すること，可能な限り自尊感情を高めるような配慮と工夫をすること，試し行動や挑発行動にのらずに信頼できる大人としての役割を担うように接すること，少しでも学習の遅れを取り戻し，生活スキルを獲得できるように援助することなどを心がけるとよいでしょう。

④ 不登校の理解と指導・援助

●（1）不登校の定義と現状 ●

　文部科学省は「年度間に連続又は断続して30日以上欠席した児童生徒」を長期欠席者と呼んでおり，長期欠席者の中で「何らかの心理的，情緒的，身体的，あるいは社会的要因・背景により，児童生徒が登校しないあるいはしたくともできない状況にある者（ただし，「病気」や「経済的理由」による者を除く。）」を不登校と定義しています。文部科学省の統計によると，2021（令和３）年度の不登校の総数は244,940人であり，2020（令和２）年度の196,127人を上回っています[8]。長期的にみると不登校は増え続け，特に2012（平成24）年度以降に著しく増加しています（図７−１）。

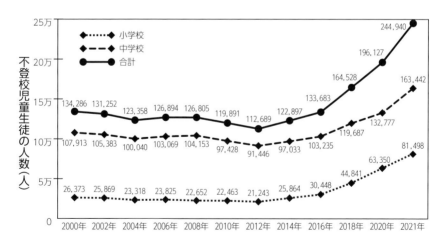

図７−１　不登校児童・生徒の人数の推移

（文部科学省：令和３年度児童生徒の問題行動・不登校等生徒指導上の諸課題に関する調査結果の概要，2022）

　2021（令和3）年度の不登校総数の内訳は，小学校が81,498人で，中学校は163,442人です[8]。これらは小学校では全体の1.3％にあたる人数で，中学校では全体の5.0％に相当します。不登校の人数を学年別にみると，小学校1年生では4,534人ですが，学年が増加するにつれて漸進的に増加していき，小学校6年生の段階では25,004人になります。そして，中学1年生で45,778人，2年生で58,740人，3年生で58,924人と，中学生になると不登校の人数が大幅に増加します[8]。

　不登校の要因では「無気力・不安」が49.7％と最も多く，次いで「生活リズムの乱れ，遊び，非行」が11.7％で，「いじめを除く友人関係をめぐる問題」が9.7％，「親子の関わり方」が8.0％となっています[8]。

●（2）不登校の背景要因 ●

　現在，不登校の背景要因が多種多様となり，特別な子どもだけが不登校になるのではなく，誰にでも起こり得る可能性があるものと認識されています。不登校の背景要因としては，①個人要因（対人不安・神経症，非行・怠学，知的障害・発達障害），②学校要因（対人関係，低学力，教師との関係），家庭要因（養育能力，家庭不和，経済困難）に分類できます[9]。これらの背景要因が単独で存在する場合もありますが，多くは重複します。

　特に子どもに自閉スペクトラム症（ASD）などの発達障害がある場合，障害特性として感覚過敏性の問題（教室の騒がしさなどに耐えられない）やこだわりの強さ（満点や学校の規則などにこだわる），感情コントロールの悪さ（怒りや不安などを抑制できない）などの問題を抱えています（個人要因）。また，対人能力が低いために，学校で対人トラブルを起こしたり，いじめの対象になったり，孤立しやすい傾向があります（学校要因）。養育者自身も発達障害の傾向があることもあり，適切な養育がなされていなかったり，夫婦間の関係がうまくいっていなかったり，経済的に困窮していることが少なくありません（家庭要因）。このように，不登校には複数の背景要因が重複していることが多いので，的確なアセスメントを行い，個々の背景要因に適した援助が不可欠です。

●（3）不登校の児童・生徒に対する指導・援助と進路　●

　不登校に対する援助では学校に復帰することが目標とされてきましたが，2019（令和元）年に文部科学省は「不登校児童生徒への支援の在り方について（通知）」で，これまでとはやや趣の異なった不登校に対する基本方針を示しています。「児童生徒が自らの進路を主体的に捉えて，社会的に自立することを目指す必要がある」として，社会的自立が目標であることを明記したのです。不登校に対する指導・援助を効果的に行うには，学校・家庭・関係機関が情報共有を図り，組織的に連携することが重要です。そのためにも，まずは学校長がリーダーシップをとります。その下にコーディネーターとして中心的な役割を果たす教員を位置づけ，様々な立場の教職員と外部機関とが連携して組織的な指導・援助体制を整えます。保護者や学級担任に対する支援も有効であり，その場合は，スクールカウンセラーがカウンセリングやコンサルテーションを行います。

　学校外での支援機関としては，都道府県・市町村の教育委員会等が設置している教育支援センター（適応指導教室）が活用できます。教育支援センターでは個別の学習支援や体験学習（自然体験，調理体験など），スポーツ，芸術活動，保護者や本人に対するカウンセリングなどを行っています。

　教育支援センター以外には，NPO法人（特定非営利活動法人）などの民間団体・施設が開設しているフリースクールがあげられます。フリースクールは学習支援を行うだけではなく，宿泊体験のような教育支援センターにはない独自のプログラムを実施しているところが少なくありません。児童相談所でも不登校に関する相談業務を行っていますが，児童福祉法で定められている行政機関であるので，福祉的な支援を行うこともできます。

　心理的要因による身体症状や抑うつ，不眠などの精神症状が認められれば，心療内科や精神科を受診するとよいでしょう。不登校の背景にいじめや非行の問題がある場合には警察署が相談業務を行っています。精神保健福祉センターではひきこもりの支援を行っており，家庭に経済的な余裕があるのであれば民間のカウンセリングルームで心理療法を受けることもできます。

　不登校の生徒が中学校を卒業した時に85.6%が高等学校に進学したという調査結果があります[10]。また，6.0%が就職して，進学も就職もしていない生徒が

8.4％でした。不登校生徒の多くは高等学校に進学しますが、進学先としては全日制高等学校、定時制高等学校、通信制高等学校、高等専修学校、高等専門学校があります。

　通信制高等学校は、スクーリング（面接授業）などを除けば基本的には通信教育によって高等学校卒業資格を得ることができますが、最近では週に2〜5日の範囲で学校に通うタイプが増加しています。通学日数と通学時間を自分で選ぶことができることから、集団生活が苦手な子どもには適した学習環境であるともいえます。しかし、自分で計画して主体的に学習をする必要があるので、かなりの自制心がなければ卒業するのが難しいかもしれません。そのために、民間のサポート校の存在が注目されています。サポート校では、通信制高等学校での学習と生活とを全般的にフォローアップするカリキュラムが用意され、その多くは少人数指導や個別指導の体制がとられています。

　高等専修学校は、分野別に特化した専門的技能を習得できる学校で、その多くは技術連携制度を利用して、高等専修学校と同時に通信制高等学校を卒業できる指導を行っています。高等専門学校では、工学や商船の分野を専門的に学び、5年間の修行年限を終えた後は、エンジニアとして就職することができます。しかし、高度な専門分野を学ぶ学校であることから、入試倍率や偏差値が高い傾向にあります。したがって、高等専門学校に進学する不登校生徒は多くありません。

第７章のまとめ

　第７章では特別の支援を必要とする子どもの中でも，環境による制約が大きいと考えられる子どもの理解について整理しました。この部分は，個人差や抱えている困難がわかりにくい場合，あるいは本人や保護者が「人に知られたくない」という思いや何らかの障害が関係していることも考えられます。本人や家族の意向の理解とともに，関連機関との連携・情報共有にあたっては，個人情報の保護（守秘義務の遵守）も意識した対応を確認しておきましょう。

　本章の学習内容について，復習を兼ねて以下の観点から整理しましょう。

① 「多文化共生」と「JSLカリキュラム」の観点から，日本語を母語としない子どもへの指導にあたって留意点を整理してみよう。

② 貧困の２つの考え方とそれぞれの状況に応じた対応方法を整理してみよう。

③ 児童虐待がわかった場合の教員の対応を整理し，障害の可能性も加味した専門機関との連携方法を整理してみよう。

④ 不登校の定義と専門機関との連携について，卒業後の進路も見据えた支援方法を整理してみよう。

⑤ 本章で取り上げた「特別の支援を必要とする子ども」に担任として関わる，あるいはクラスの子ども同士が関わる際，どのような点に注意・配慮が必要か，考えてみよう。

■引用文献■

1）OECD（2023），Poverty rate（indicator）．doi：10.1787/0fe1315d-en（Accessed on 03 March 2023）

2）花丘ちぐさ：その生きづらさ，発達性トラウマ？ ポリヴェーガル理論で考える解放のヒント，春秋社，2020，p.217

3）杉山登志郎：子ども虐待という第四の発達障害，学研教育出版，2007，pp.28-29

4）前掲書２），pp.102-113

5）杉山登志郎：発達障害としての子ども虐待，子どもの虐待とネグレクト，8（2），2006，pp.202-212

6）前掲書２），pp.138-139

7）前掲書２），pp.102-113

8）文部科学省：令和３年度 児童生徒の問題行動・不登校等生徒指導上の諸課題に関する調査結果について，2022

9）谷口清・小柴孝子：長期欠席と不登校の背景要因―相談担当者への聞き取り調査から，人間科学研究（文教大学人間科学部），35，2013，pp.121-129

10) 文部科学省：不登校に関する実態調査～平成 18 年度不登校生徒に関する追跡調査報告書～，2014

■**参考文献**■

・ジム・カミンズ著・中島和子著訳：言語マイノリティを支える教育〔新装版〕，明石書店，2021
・咲間まり子編：多文化保育・教育論，みらい，2014
・佐藤郡衛：多文化社会に生きる子どもの教育，明石書店，2019

特別の支援を組み立てる ための枠組み

　第8章では，特別の支援を必要とする子どもを指導するための制度の仕組みや種類について説明します。通常の学級，特別支援学級，通級による指導に加え，「交流及び共同学習」を取り上げ，制度上の運用，特別の教育課程編成における自立活動との関連，通常の学級での指導の工夫にも言及します。第9章で触れる個別の教育支援計画や個別の指導計画作成の土台にもなります。

　第8章を学習するにあたり，今まで学習した発達理論と各障害の概要を事前学習（予習）として再確認しておくと，理解がより深まるでしょう。

① 通常の学級で特別の支援を提供する形態・方法

●（1）通常の学級における質の向上の必要性　●

　特別支援教育は，2007（平成19）年4月1日より学校教育法に位置づけられました。同日に出た文部科学省通知では，理念が次のように示されています。

> 　特別支援教育は，障害のある幼児児童生徒の自立や社会参加に向けた主体的な取組を支援するという視点に立ち，幼児児童生徒一人一人の教育的ニーズを把握し，その持てる力を高め，生活や学習上の困難を改善又は克服するため，適切な指導及び必要な支援を行うものである。
>
> 　また，特別支援教育は，これまでの特殊教育の対象の障害だけでなく，知的な遅れのない発達障害も含めて，特別な支援を必要とする幼児児童生徒が在籍する全ての学校において実施されるものである。
>
> 　さらに，特別支援教育は，障害のある幼児児童生徒への教育にとどまらず，障害の有無やその他の個々の違いを認識しつつ様々な人々が生き生きと活躍できる共生社会の形成の基礎となるものであり，我が国の現在及び将来の社会にとって重要な意味を持っている。

（文部科学省：特別支援教育の推進について（通知），平成19年4月1日）

　つまり，特別支援教育は，これまでの特殊教育の対象に加え，通常の学級に在籍する知的な遅れのない発達障害等の児童・生徒や，障害の有無等にかかわらず「教育的ニーズ」のあるすべての子どもを対象としています。そして，共生社会の形成の基礎づくりとして重要な意味を持っているとしています。

　共生社会について文部科学省は「共生社会の形成に向けたインクルーシブ教育システム構築のための特別支援教育の推進（報告）」（2012年7月）の中で，「『共生社会』とは，これまで必ずしも十分に社会参加できるような環境になかった障害者等が，積極的に参加・貢献していくことができる社会である。それは，誰もが相互に人格と個性を尊重し支え合い，人々の多様な在り方を相互に認め合える全員参加型の社会である」と述べています。

　そして，特別支援教育の必要性について「共生社会の形成に向けて，障害者の権利に関する条約に基づくインクルーシブ教育システムの理念が重要であり，その構築のため，特別支援教育を着実に進めていく必要があると考える」と明記した上で，「多様な学びの場」について以下のように示しています。

　インクルーシブ教育システムにおいては，同じ場で共に学ぶことを追求するとともに，個別の教育的ニーズのある幼児児童生徒に対して，自立と社会参加を見据えて，その時点で教育的ニーズに最も的確に応える指導を提供できる，多様で柔軟な仕組みを整備することが重要である。小・中学校における通常の学級，通級による指導，特別支援学級，特別支援学校といった，連続性のある「多様な学びの場」を用意しておくことが必要である。

（文部科学省：共生社会の形成に向けたインクルーシブ教育システム構築のための特別支援教育の推進（報告），2012）

　つまり，障害のある子どもと障害のない子どもができるだけ同じ場でともに学ぶことを目指すべきとしつつも，それぞれの子どもが学習活動に参加している実感・達成感を持ちながら生きる力を身につけているかどうかがインクルーシブ教育システムの本質的な視点であり，そのための環境整備が必要といえます。

　通常の学級，通級による指導，特別支援学級，特別支援学校といった学びの場には，それぞれが連続性を持ち柔軟に関わり合う環境整備が求められます。交流及び共同学習，特別支援学校のセンター的機能等を活用し，すべての学校の子どもや教員がこれまで以上に関わり合い，ともに学ぶことが重要です。

　特別支援学校や特別支援学級の教員だけでなく，通常の学級の教員も特別支援教育についての理解を深め，すべての学校によるすべての子どものための特別支援教育を展開していくことが望まれています。

　また，これらの内容は「障害者の権利に関する条約」でも触れられており，特にインクルーシブ教育の推進，合理的配慮についても言及しています。表8－1に障害者の権利に関する条約の概要を整理しました。

表8－1　障害者の権利に関する条約

目　　的	障害者の人権及び基本的自由の享有を確保し，障害者の固有の尊厳の尊重を促進することを目的として，障害者の権利の実現のための措置等について定める条約
採　　択	国連総会2006年採択
日本での対応	2007年署名・2014年批准
条約締結国に求められていること	・障害に基づくあらゆる差別の禁止 ・障害者の社会への参加・包容の促進

●（2）学習指導要領の内容変更への対応 ●

　「小学校（中学校）学習指導要領（平成29年告示）解説 総則編」には，子どもの発達をどのように支援するかという観点で，第3章「第4節　児童（生徒）の発達の支援」に，「1　児童（生徒）の発達を支える指導の充実」と「2　特別な配慮を必要とする児童（生徒）への指導」が明示されました。「高等学校学習指導要領（平成30年告示）解説 総則編」にもほぼ同様に記載されています。

　この中において，授業時数等の取扱いについて，各教科等の授業の1単位時間は，各学校において児童（生徒）の発達の段階および各教科等や学習活動の特質を考慮して適切に定めるものとされています。また，地域や学校および児童（生徒）の実態，各教科等や学習活動の特質等に応じて，創意工夫を生かし時間割を弾力的に編成することができることも示されています。つまり，実態に応じ発達の段階を考慮しつつ，効果的・段階的に指導したり，合科的・関連的な指導を進めたり，学習形態を工夫したりし，一人ひとりの子どもが学習内容を確実に身につけるようにすることが，教員には期待されています。

　そのためには，教員間の協力的な指導など，指導方法や指導体制を工夫改善

第4節　児童（生徒）の発達の支援
　1　児童（生徒）の発達を支える指導の充実
　　(1)　学級経営，児童（生徒）の発達の支援
　　(2)　生徒指導の充実
　　(3)　キャリア教育の充実
　　(4)　指導方法や指導体制の工夫改善など個に応じた指導の充実
　2　特別な配慮を必要とする児童（生徒）への指導
　　(1)　障害のある児童（生徒）などへの指導
　　(2)　海外から帰国した児童（生徒）や外国人の児童（生徒）の指導
　　(3)　不登校児童（生徒）への配慮
　　(4)　学齢を超過した者への配慮

※下線は，中学校学習指導要領における記述を示す。
（文部科学省：小学校（中学校）学習指導要領（平成29年告示）解説 総則編，2017）

し，個に応じた指導の充実を図ることも重要です。特に，障害のある子ども等については，特別支援学校等の助言または援助を活用しつつ，個々の障害の状態等に応じた指導内容や指導方法の工夫を計画的，組織的に行い，効果的な指導を行うことが必要となってきます。校内の連携だけでなく，異校種等と連携することにより，「連続性のある学びの場」の展開へとつながっていきます。

（3）通常の学級，通級による指導，特別支援学級，交流及び共同学習の関係性

　障害のある子どもの学びの場については，個々の教育的ニーズに最も的確に応える指導を提供できるよう，連続性のある多様な学びの場として，通常の学級，通級による指導，特別支援学級，特別支援学校が整備されています。

　通常の学級では，小中学校および高等学校等に在籍する発達障害等のある子どもに対し，個々の障害に配慮しつつ通常の教育課程に基づく指導を行います。

　通級による指導は，小学校，中学校および高等学校等において，通常の学級に在籍し，通常の学級での学習におおむね参加でき，一部特別な指導を必要とする子どもに対して，障害に応じた特別の指導を行う教育形態です。

　特別支援学級は，小中学校等において障害のある子どもに対し，障害による学習上または生活上の困難を克服するために，通常の学校に設置されています。実態に応じて，通常の学級の子どもとともに学ぶ交流及び共同学習も行われます。特別支援学級における交流及び共同学習には，次の意味合いがあります。

① 実態に応じて特定の教科等を通常の学級（交流学級）で行い，教科等のねらいを達成することが目的の学習

② 朝の会や給食，あるいは行事等を通常の学級（交流学級）の子どもと一緒に行い，相互に豊かな人間性を育むことを目的とする学習

長山・勝二（2018）の実践研究によると，自閉症・情緒障害特別支援学級に在籍の小学5年生女児が，通常の学級内での居心地や友だち関係がよくなるにつれ，学習意欲の向上もみられています[1]。この事例の場合，②が当初の目的でしたが，波及効果として学習意欲も高まり①の目的にも迫っているといえます。対象児にこのような変容がみられた背景には，通常の学級の教員と特別支援学級の教員が連携をして相互的アプローチによる対人関係支援を実施したことがあります。教員の連携こそが生んだ交流及び共同学習の効果といえます。

2　通級による指導

●（1）通級による指導の形態 ●

通級による指導とは，通常の学級に在籍する子どもに対して，大部分の授業を小学校，中学校および高等学校の通常の学級で行いながら，一部，障害に応じた特別の指導を特別な場で指導を行う教育形態です（図8−1）。障害による学習上または生活上の困難を改善・克服するため，特別支援学校学習指導要領の「自立活動」に相当する指導を行います。

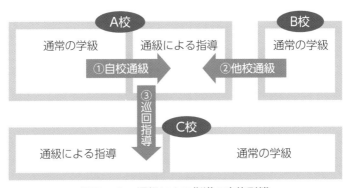

図8−1　通級による指導の実施形態

　実施形態には，在籍する学校で指導を受ける「自校通級」（図8－1①），他の学校に通級し指導を受ける「他校通級」（図8－1②），通級による指導の担当の教員が巡回して指導を行う「巡回指導」（図8－1③）があります。

●（2）通級による指導における計画立案 ●

　通級による指導は，学校教育法施行規則第140条および第141条に基づき特別の教育課程を編成して行われます。

第140条　前略
一　言語障害者　　　二　自閉症者　　　三　情緒障害者 　四　弱視者　　　　　五　難聴者　　　　六　学習障害者 　七　注意欠陥多動性障害者 　八　その他障害のある者で，この条の規定により特別の教育課程による教育を 　　　行うことが適当なもの 第141条　前条の規定により〜（中略）〜他の小学校，中学校，中等教育学校の前 　　　期課程又は特別支援学校の小学部若しくは中学部において受けた授業を，当該 　　　小学校若しくは中学校又は中等教育学校の前期課程において受けた当該特別の 　　　教育課程に係る授業とみなすことができる。

　特別の教育課程は，通級による指導を小学校，中学校および高等学校の教育課程に加えたり，その一部に替えたりすることができます。2017（平成29）年に告示された小学校および中学校の学習指導要領の総則では，特別の教育課程を編成する場合，「特別支援学校小学部・中学部学習指導要領第7章に示す自立活動の内容を参考とし，具体的な目標や内容を定め，指導を行うものとする」という規定が新たに加えられました。また，各教科の内容を取り扱いながら指導を行う場合においては，自立活動を各教科・科目の内容と関連づけて行うことが重要であり，単なる各教科の遅れを補充する指導とならないようする点も明確化されています。

　通級による指導の対象となるのは，おおむね通常の学級の授業に参加ができる子どもたちです。多くの時間を過ごす通常の学級での生活が，居心地のよいものとなるよう指導計画を立てることも大切です。

　そのために，子どもたちが在籍する通常の学級の担任，各教科担任等と学習

の状況等についての情報共有が重要になります。図8－2は，東京都が示している「連携型個別指導計画」です[2]。同じ子どもを見ている教員が連携を図りながら指導にあたることで，より充実した通級による指導が可能になります。

　大塚ら（2020）が，小学校でLD通級（発達障害の児童・生徒を対象とするLD等通級指導教室）を利用した児童の進学先での様子を追跡調査した結果，

（　　　　　　　　　　　）中学校　（　　　　）年（　　　　）組　氏名（　　　　　　　　）		
在籍学級担任（　　　　　　）　　巡回指導教員(自立活動：　　　　教科の補充：　　　）		
令和（　　）年（　　）月（　　）日作成		

在籍学級担任記入欄

在籍学級での指導目標（長期目標）	
(1) (2)	
●在籍学級(期間：　／　～　／	評　価
短期目標 (1) (2)	
手だて(合理的配慮等) (1) (2)	

巡回指導教員記入欄

特別支援教室での指導目標（長期目標）	
(1) (2)	
●特別支援教室(期間：　／　～　／	評　価
短期目標 (1) (2)	
手だて(合理的配慮等) (1) (2)	

図8－2　連携型個別指導計画

終了生の約8割が，通級による指導での自立活動が役に立ったと回答しています[3]。しかし，一方で，約4割の終了生が「学習の成績が全般的に低い」ことに不満を抱えているという結果も得られ，大塚らは「基礎的な学習スキルを自分に合った方略で習得し，通常の学級で使える力にしていくことが重要である」と述べています。通級による指導においては，「通常の学級に在籍している」ことを常に意識しながら指導を行うことが大切といえます。

●（3）通級による指導の展開 ●

　通級による指導では，子どもが最後まで取り組める程度の課題の量や種類に配慮します。子どもの実態や特徴に合わせた工夫として，「取り組みやすいものから始める。難しいものは，短時間から始める」こと，「聞く，話す，読む，書く，体を動かすなどの活動をバランスよく取り入れる」こと，「教員と子どもで活動の順番を相談し，主体的に取り組めるようにする」こと，「集中する時間と，リラックスできる時間を作る」こと，などが考えられます。

　また，目標に合わせて学習形態も工夫をします。個別指導を中心にしながら，必要に応じて，小集団指導を組み合わせて指導することもできます。「初めて通級による指導を担当する教師のためのガイド」（文部科学省，2020）から，小学校3年生の事例を1つ紹介します（表8-2）[4]。

表8-2　1単位時間の学習の流れ（抜粋）

	今日の学習の確認	学習予定を確認する。
活動内容	1　フリートーク	学校での出来事を話し，相談したいことがあったら伝える。
	2　体を動かそう	通級担当の動きを真似して，体を動かす。
	3　見通しをもとう	運動会のプログラムを見ながら，支援が必要な場面はどこかを考える。
	4　気持ちを伝えよう	辛い場面や支援が必要な場面で，具体的にどうしたらよいのか，ロールプレイをする。
	5　今日の振り返り	振り返りカードに記入する。 ※自己評価により，達成感とともに，次の課題意識をもてるようにする。

　この事例では，体を動かすことが苦手で，うまくいかないとその場にいられなくなるという実態があります。そこで，通級による指導の目標は，「自分の気持ちを適切に伝えたり，援助を求めたりすることができる」，「気持ちや行動を調整する力を高める」です。表8-2で，1単位時間の学習の流れを見ると，学習の確認から振り返りまでの間に，本人が安心できるような活動と苦手な活動がバランスよく組み込まれています。また，授業の最後に自己評価をすることにより，達成感や次時への意欲を持てるようにしているところもポイントの1つといえます。さらに，授業終了後は，通常の学級の担任や保護者に指導の報告を行い，その都度，連携を図るようにすることも重要です。

③　交流及び共同学習

●（1）交流及び共同学習の意義・効果　●

　2018（平成30）年，「学校における交流及び共同学習の推進について—『心のバリアフリー』の実現に向けて」（文部科学省・厚生労働省）という報告書がまとめられました。そこでは，交流及び共同学習を単発的な取り組みにとどまらず，継続的な形で計画的に進めることやその場限りの指導ではなく意味を持たせた活動とするため，事前事後の学習を丁寧に実施することの重要性等が示されました。それを受け，文部科学省は「障害のある幼児児童生徒と障害のない幼児児童生徒の交流及び共同学習等の推進について（依頼）」を通知しました。さらに，2019（平成31）年改訂の「交流及び共同学習ガイド」に具体的な実践例を示し，交流及び共同学習の意義について以下のように述べています[5]。

> 　我が国は，障害の有無にかかわらず，誰もが相互に人格と個性を尊重し合える共生社会の実現を目指しています。
> 　幼稚園，小学校，中学校，義務教育学校，高等学校，中等教育学校（以下「小・中学校等」という。）及び特別支援学校等が行う，障害のある子供と障害のない子供，あるいは地域の障害のある人とが触れ合い，共に活動する交流及び共同学習は，障害のある子供にとっても，障害のない子供にとっても，経験を深め，社会性を養い，豊かな人間性を育むとともに，お互いを尊重し合う大切さを学ぶ機会になるなど，大きな意義を有するものです。

（文部科学省：交流及び共同学習ガイド，2019，p.1）

　また，その効果について，「このような交流及び共同学習は，学校卒業後においても，障害のある子供にとっては，様々な人々と共に助け合って生きていく力となり，積極的な社会参加につながるとともに，障害のない子供にとっては，障害のある人に自然に言葉をかけて手助けしたり，積極的に支援を行ったりする行動や，人々の多様な在り方を理解し，障害のある人と共に支え合う意識の醸成につながる」と謳っています[5]。

●（2）交流及び共同学習の形態 ●

　交流及び共同学習には，図8－3のように，通常の学校と特別支援学校が，「①学校間交流」や「②居住地校交流」を行う形態と，通常の学級と特別支援学級が同一学校内で行う「③通常の学級と特別支援学級との交流及び共同学習」の形態があります。また，地域の福祉施設等と連携をして行う交流もあり，それぞれ，学校や地域の状況に応じて，継続的に実施できる方法を選択したり組み合わせたりしています。

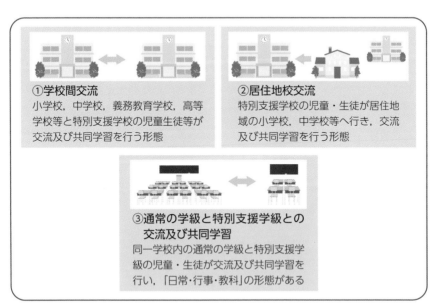

図8－3　交流及び共同学習の3つの形態
（鳥取県教育委員会：特別支援教育の手引〈令和4年3月改訂〉，2022，p.59を基に作成）

●（3）交流及び共同学習に向けたクラス運営

　子どもたちが主体的に学習できる「交流及び共同学習」とするためには，次の3点がポイントであると，先述のガイドにはあげられています。

・事前に，活動のねらいや内容等について子供たちの理解を深める。
・障害について形式的に理解させる程度にとどまるものにならないよう，子供たちが主体的に取り組む活動にする。
・事後学習で振り返りを行うとともに，その後の日常の学校生活において，障害者理解に係る丁寧な指導を継続する。

（文部科学省：交流及び共同学習ガイド，2019，p.7）

　事前，活動当日，事後の場面におけるポイントが示されています。このように段階を踏み，次の活動につなげていくことが大切です。また，交流及び共同学習に関する時間だけでなく，日常の学校生活においても障害者理解に係る指導を継続することが，教育の効果を高めることにつながり重要だといえます。

4　特別支援学級における自立活動

●（1）特別支援学級と通常の学級・特別支援学校との関係　●

　特別支援教育の学校制度は，図8－4のようになっており，特別支援学級は，小中学校の中に設置される独立した学級です。なお，通級による指導は小中学校だけではなく高等学校でも行われます。

　特別支援学級の対象者は，特別支援学校の対象者より障害が比較的軽度な弱視者，難聴者，知的障害者，肢体不自由者，病弱者（身体虚弱者を含む），言語障害者，自閉症者，情緒障害者です。特別支援学校と違い，言語障害者，自閉症者，情緒障害者も対象としています。

　図8－4のように，特別支援学級は，小中学校に設置された学級なので，小学校および中学校の学習指導要領に基づいて教育課程を編成することが原則ですが，児童・生徒の実態によっては，通常の学級の教育課程を適用することが適切ではない場合があります。その場合には，特別支援学校小学部・中学部の学習指導要領を参考にして，「特別の教育課程」を編成します。

小中学校（通級による指導は高等学校を含む）			特別支援学校
通常の学級	（実態に応じて一部） 通級による指導 ・弱視者 ・難聴者 ・肢体不自由者 ・病弱者（身体虚弱者） ・言語障害者 ・自閉症者 ・情緒障害者 ・LD者・ADHD者	特別支援学級 ・弱視者 ・難聴者 ・知的障害者 ・肢体不自由者 ・病弱者 　（身体虚弱者） ・言語障害者 ・自閉症者 ・情緒障害者	・視覚障害者 ・聴覚障害者 ・知的障害者 ・肢体不自由者 ・病弱者 　（身体虚弱者）

図8-4　通常の学級と特別支援学級，特別支援学校の関係

学校教育法施行規則

第138条　小学校，中学校若しくは義務教育学校又は中等教育学校の前期課程における特別支援学級に係る教育課程については，特に必要がある場合は，第50条第1項，第51条，第52条，第52条の3，第72条，第73条，第74条，第74条の3，第76条，第79条の5及び第107条の規定にかかわらず，特別の教育課程によることができる。

●（2）特別支援学級における教育課程の立案 ●

　前述の通り，特別支援学級に係る教育課程については，特に必要がある場合は，特別の教育課程によることができます。特別支援学級において特別の教育課程を編成する場合には，学級の実態や児童・生徒の実態等を考慮の上，特別支援学校小学部・中学部学習指導要領を参考とし，障害による学習上または生活上の困難の改善・克服を目的とした指導領域である「自立活動」を取り入れたり，各教科の目標・内容を下学年の教科の目標・内容に替えたり，各教科を知的障害のある児童・生徒に対する教育を行う特別支援学校の各教科に替えたりするなどして教育課程を編成します。

　特別支援学級の特別の教育課程は，小学校学習指導要領総則「第4　児童の発達の支援」において以下のように規定されています。なお，中学校学習指導要領にも同様の規定があります。

> イ　特別支援学級において実施する特別の教育課程については，次のとおり編成
> 　するものとする。
> 　（ア）障害による学習上又は生活上の困難を克服し自立を図るため，特別支援学
> 　　　校小学部・中学部学習指導要領第7章に示す自立活動を取り入れること。
> 　（イ）児童の障害の程度や学級の実態等を考慮の上，各教科の目標や内容を下学
> 　　　年の教科の目標や内容に替えたり，各教科を，知的障害者である児童に対す
> 　　　る教育を行う特別支援学校の各教科に替えたりするなどして，実態に応じた
> 　　　教育課程を編成すること。

　特別支援学級の特別の教育課程は，個別に編成をするわけではありません。しかし，実態を把握して編成した特別の教育課程に基づき，在籍している子ども一人ひとりに応じた個別の教育支援計画および個別の指導計画を作成し，特別の教育課程の具体化および個別化をしていきます。

●（3）特別支援学級における教育課程と自立活動　●

　自立活動は，特別支援学校の教育課程において特別に設けられた指導領域で，目標は特別支援学校小学部・中学部指導要領に，「個々の児童又は生徒が自立を目指し，障害による学習上又は生活上の困難を主体的に改善・克服するために必要な知識，技能，態度及び習慣を養い，もって心身の調和的発達の基盤を培う」と規定されています。なお，特別支援学級や通級による指導における自立活動においても，その目標は同じです。また，自立活動の目標を児童・生徒の視点から考えると，日常生活や学習場面等の諸活動において，その障害によって生じるつまずきや困難を軽減しようとしたり，障害があることを受容したり，つまずきや困難の解消のために努めたりすること，となります。

　自立活動は，「自立活動の時間における指導」として授業時間を特設する場合と，全教育活動の中で自立活動の内容を取り入れる場合があり，その内容は，人間としての基本的な行動を遂行するために必要な要素と，障害による学習上または生活上の困難を改善・克服するために必要な要素で構成されています。表8-3に示すように，6つのそれぞれの区分の中に3から5項目が設定され，計27項目です。従来は6区分26項目でしたが，2017（平成29）年告示の特別支援学校小学部・中学部学習指導要領から，6区分27項目となって運用されています。新設された1項目は，区分「1　健康の保持」の「(4) 障害の特性の理

表8－3　自立活動の区分

区　分	項目数
1　健康の保持	5項目　※平成29年4月告示の学習指導要領から「障害の特性の理解と生活環境の調整に関すること。」が追加されている。
2　心理的な安定	3項目
3　人間関係の形成	4項目
4　環境の把握	5項目
5　身体の動き	5項目
6　コミュニケーション	5項目

解と生活環境の調整に関すること」です。指導にあたっては，子どもの実態把握に基づき，自立を目指して設定される指導の目標を達成するために，6区分27項目の中から必要な項目を選定し，それらを相互に関連づけて具体的な指導の内容を設定していくことが重要です。なお，自立活動における実態把握から具体的な指導目標および内容設定までの流れについては，「特別支援学校教育要領・学習指導要領解説 自立活動編」に具体例が示されています。通常の学級の事例も含まれており，すべての教員にとって参考となります。

⑤ 自立活動を意識した通常の学級での指導の工夫

　特別支援教育は，通常の学級にも発達障害等の子どもが在籍していることを前提としており，通常の学級においても自立活動を意識して指導を工夫することが重要といえます。特別支援学校小学部・中学部学習指導要領の解説に示されている「自立活動の具体的な指導内容を設定するまでの例」には，通常の学級に在籍している子どもも取り上げられていますので，抜粋して紹介します。

　自立活動の指導には，実態把握から指導目標および指導内容を設定するプロセスがあります。その流れのイメージを持ちやすくするために，「流れ図」が学習指導要領には示されています。大まかな流れは表8－4の通りです[6]。

　表8－4では，「健康の保持」（表内では（健）と表記）と「心理的な安定」（表内では（心）と表記）を中心とした指導内容設定の流れを示しています。

表8-4　自立活動の指導内容設定までの流れ

①　障害の状態，発達や経験の程度，興味・関心，学習や生活の中で見られる長所やよさ，課題等について情報収集	
②-1　収集した情報（①）を自立活動の区分に即して整理する段階	・自分の特性（読み書きが苦手）は分かっているが，原因までは理解していない。（健）
②-2　収集した情報（①）を学習上又は生活上の困難の視点や，これまでの学習状況の視点から整理する段階	・読み書きが困難であることは分かっているが，どのように解決していけばよいかまでは明確には分かっていない。（健，心） **解決方法が明確でないため，困難の改善・克服は難しい状態にあり，「心理的な安定」も図れていないと考えられる。**
②-3　収集した情報（①）を○○年後の姿の観点から整理する段階	・数年後には社会人となり，コンピュータ等の情報機器等を使用することに制限がほぼなくなると考えられる。（健，心，環） **情報機器等の使用が得意なことから，社会人になれば克服できるのではないかと考えられる。**
③　①をもとに②-1，②-2，②-3で整理した情報から課題を抽出する段階	・自分自身の困難の状態やその原因を理解する。（健） ・方法を工夫すればできるという自信を高めていく。（心）
④　③で整理した課題同士がどのように関連しているかを整理し，中心的な課題を導き出す段階	・読み書きの困難を軽減するための自分に適した方法がわかり，その方法が必要である理由を理解する。 **③で抽出した課題を関連付け，中心的な課題を導き出す。**
⑤　④に基づき設定した指導目標を記す段階	**中心的な課題を受けて目標を設定**
⑥　⑤を達成するために必要な項目を選定する段階	**自立活動の6区分27項目と関連づける。** 「健康の保持（4）障害の特性の理解と生活環境の調整に関すること。」 「心理的な安定（3）障害による学習上又は生活上の困難を改善・克服する意欲に関すること。」
⑦　項目と項目を関連付ける際のポイント	・失っている自信を取り戻すために，（健）（4）と（心）（3）を関連付けて設定した具体的な指導内容が，⑧イである。
⑧　具体的な指導内容を設定する段階	イ　適切な方法により，読み書きはできるようになることを理解し，今はできないことでも挑戦しようという気持ちをもつ。

※文部科学省：特別支援学校教育要領・学習指導要領解説 自立活動編（幼稚部・小学部・中学部），pp.156〜159より抜粋。太字は筆者加筆。

第8章のまとめ

　第8章では特別支援学級，通級による指導に加え，交流及び共同学習を取り上げ，制度上の運用，特別の教育課程編成における自立活動との関連について整理しました。なお，通常の学級における指導上の工夫は学習指導要領にも言及されているので，再度確認をしておきましょう。

　自立活動については，特別支援学校の教育課程において特別に設けられた指導領域のため，小中学校の学習指導要領の中には記載がありませんが，特別支援学級や通級による指導において活用（参考）することが示されているので，文部科学省のホームページ等で確認しておきましょう。

　本章の学習内容について，復習を兼ねて以下の観点から整理しましょう。

① 障害者の権利に関する条約をふまえたインクルーシブ教育システムとは何か整理してみよう。

② 通級による指導の形態を整理し，指導の工夫について考えてみよう。

③ 交流及び共同学習について，3つの形態とそれぞれの特徴を整理してみよう。

④「自立活動」の6つの区分と27の項目について調べ，整理してみよう。

⑤ 本章の内容を生かしながら「特別の支援を必要とする子ども」に担任として関わる，あるいはクラスの子ども同士が関わるには，どのような点に注意・配慮する必要があるか考えてみよう。

■引用文献■

1）長山芳子・勝二博亮：通常の学級と特別支援学級の相互的アプローチによるADHD児への対人関係支援，LD研究，27（4），2018，pp.466-477

2）東京都教育委員会：小・中学校の特別支援教育の推進のために，2014，p.24

3）大塚美奈子・大嵩崎めぐみ・宮崎直次・中山由美子・田中浩寿・丹野傑史：LD通級終了生の進学先での学習面の適応に関する追跡調査，LD研究，29（2），2020，pp.132-144

4）文部科学省：初めて通級による指導を担当する教師のためのガイド，2020，pp.30-31

5）文部科学省：交流及び共同学習ガイド，2019，p.1

6）文部科学省：特別支援学校教育要領・学習指導要領解説 自立活動編（幼稚部・小学部・中学部），2018，pp.156-159

特別の支援を組み立てるための具体的な方法

　第9章では，特別の支援を必要とする子どもを指導する際の計画と評価について説明します。第1節で説明する個別の教育支援計画や個別の指導計画は，特別支援学校や特別支援学級に在籍する児童・生徒，通級による指導を受けている児童・生徒には作成が義務づけられ，通常の学級に在籍する児童・生徒の場合も努力事項とされています。ここでは，計画・評価・改善の流れやそれぞれの方法について解説します。あわせて，「就学」という区切りの中での幼保小の連携を見据えた子どもの育ちや障害者の権利に関する条約（障害者権利条約）に明示されている「合理的配慮」も取り上げます。

　第9章の内容を学習するにあたって，今まで学習した障害の概要や対応方法を事前学習（予習）として再確認しておくと，理解がより深まるでしょう。

1　個別の教育支援計画と個別の指導計画

●（1）グランドデザインでの個別の教育支援計画の位置づけ ●

　2003（平成15）年度から実施された障害者基本計画において，教育，医療，福祉，労働等の関係機関が連携・協力を図り，障害のある子どもの一生涯にわたる継続的な支援体制を整えることが打ち出されました。これは，障害のある人が生まれた場所で育ち・学び・働き続けることができる社会をつくろうという考えのもと，関係する省庁がこぞって参加して合意されたもので，旗振り役の厚生労働省においては"グランドデザイン"と呼ばれました。

　障害者基本計画で整備が指示された支援体制ですが，具体的な内容として，それぞれの年代における子どもの望ましい成長を促すための「個別の支援計画」を各省庁が監督する現場で作成することになりました。「個別の支援計画」のうちの教育分野のものが「個別の"教育"支援計画」です。

　子どもの成長の観点から整理すると，障害の発見・確認の時期にもよりますが，先天性の障害もしくは人生の最早期に障害の発見・確認がされた場合，福祉分野が中心になって個別の支援計画が作成され，教育分野（幼稚園入園ないしは小学校入学以降）が中心になって作成する個別の教育支援計画が続き，学校を卒業した後は労働分野（福祉的就労が多数）が中心になって作成する個別の支援計画に続くことになります。

●（2）個別の教育支援計画と個別の指導計画の関係 ●

　個別の教育支援計画は，障害のある子どもの一生涯にわたる継続的な支援を実現するために，その子どもの年齢や置かれている状況に応じて作成される「個別の支援計画」のうち，学校教育に関わる時期に作成される計画のことです。これらの「個別の支援計画」は，基本的に相談援助の発想から構成されているため，要支援者（なんらかの助けが必要な人。本書では“特別の支援を必要とする子ども”が該当）の一生涯を思い描いた生活の様子と，その思い描いた生活を実現するためのおおまかな到達目標，援助期間と評価時期，評価項目等々から構成されます。そして，各分野でその「個別の支援計画」に基づいた具体的な指導・援助の計画が立案されることになります。

　ただ，福祉分野では名称での呼び分けがなく，現場的な表現を借りると“親計画”と“子計画”と呼ぶことがあります。この呼び方は様々な経緯で立案されている複数の計画間の関係性を把握する際に役に立つものです。“親計画”が上位計画で“子計画”が下位計画になります。そして，教育分野の親計画が個別の教育支援計画，子計画が個別の指導計画という形になります。

●（3）個別の教育支援計画と個別の指導計画の内容 ●

　個別の教育支援計画も個別の指導計画も，特別な教育的ニーズを持つ子ども一人ひとりに対して作られます。

　個別の教育支援計画において把握すべき情報としては，対象児の特別な教育的ニーズの内容（概要）の他に，住所，家族構成，家族成員の生活状況，家族成員間の関係，これまで受けてきた援助の履歴，本人および保護者の願いや希望，現状に対する関係者の評価，今後利用予定の教育を含む各分野のサービス

内容（合理的配慮の状況を含む）等があります。また，これらの情報をもとに在籍学校における学習や生活に関する大まかな到達目標とその進捗状況を確認する時期と方法が決められます。

　一方，個別の指導計画は，通級による指導を行う教室や特別支援学級で学ぶ児童・生徒のために作成される"個別の教育課程"に対応し，該当する児童・生徒一人ひとりの指導目標，指導内容，指導方法を明確化したものです。

2　合理的配慮に基づいた計画の立案

●（1）合理的配慮に基づいた個別の指導計画の立案 ●

　「障害を理由とする差別の解消の推進に関する法律」（障害者差別解消法）の改正（2021（令和3）年）により，いわゆる"合理的配慮"はサービスを提供する事業者の努力義務から義務へと変更されました。教育もサービスの1つとして位置づけられていることから，障害のある子どもの指導に関して，合理的配慮の考え方に基づいた計画立案の手続きを踏む重要性が高まっています。

　しかしながら，一般社会での「合理的配慮」に対する反応はといえば，「合理的配慮」という言葉そのものは認知されてきたように思われますが，内容や手続きについてはまだまだ十分に理解されていないようです。特に，多くの通常の学校の教員には十分に浸透したとはいえない状況にあります。

　このことについては，「合理的配慮」の意味が，"サービスを提供する側は，サービスを求める側から出された要望に対して何が何でも即時にその要望をかなえなければいけない"ことのように誤解されているおそれがあるためです。

　合理的配慮とは，病気の人や障害のある人から提案される不自由さの解消を求める要望と，サービス提供者が要望を出された時点で対処可能な不自由さの解消に向けた対応（案）とを出し合って交渉し，折り合いをつけ，その折り合いの結果として合意した内容をサービス提供者が病気や障害のある人へ提供することをいいます。

　現行法に基づいた合理的配慮を成立させるための要点としては，①要望を提示する人は病気や障害のある人（代理人を含む）であり，最初に声を上げる側であること，②要望を伝えられた側はその時点で可能な範囲の対応を伝え，承

認されればその内容を実施すること（留意点としては，提供するサービスはその事業者の事業を圧迫しない範囲の中で行われること），の2点です。もちろん，一度，病気や障害のある人から示された要望は，そのまま放っておくのではなく，事業者側の可能な範囲において，改善のための取り組みを継続する必要があります。

　合理的配慮に関する誤解が生じているのは，おそらく，時折ニュース記事として取り上げられることがある"合理的配慮の拒否"という事例を目にすることで，求められれば何が何でも即時に要望通りのことをしなければならない，と思い込まされているのかもしれません。いずれにしても，当事者同士が対等な立場で真摯に話し合うことで，合理的配慮事項が決められるということを忘れないでください。

　以上の内容から合理的配慮の要点をまとめると，①障害者・病者本人の要望が適切に表明されること，②サービス提供者側との交渉によりサービス内容を決定すること，が重要です。

　なお，障害者差別解消法という法律を遵守することにこだわり過ぎると特別支援教育が特別支援教育である理由を弱めてしまうことになりかねませんから，その点は柔軟な対応が必要になります。障害者差別解消法では，第2条で定める「障害者」に対して合理的配慮を行うよう定めているからです。裏を返すと，障害者に認定されていない状況では合理的配慮の手続きを踏まなくてよいと解釈されるおそれがあります。そして，特別支援教育はというと，法律上，障害の認定をその実施のための必要要件とはしていません。

　"特別の支援を必要とする子ども"と"障害のある子ども"がイコールではない現在の枠組みにおいては，特別の支援を実施する際に対象児以外の児童・生徒から「ずるい」というクレームが出されることがあります。その場合は，クラス全体へ児童・生徒一人ひとりが異なる特性を持った存在であることを認め，尊重することを表明し，クラス全員が大切にされているという雰囲気を育むことが必要です。合理的配慮の考え方や合意形成の過程は，クラスの分断ではなく，全員が尊重されるクラスの雰囲気づくりに役立たせるべきです。

●（2）PDCAサイクルの立案と適切な運用 ●

　個別の指導計画を立案するにあたり重視されるべき考え方として，PDCAサイクルが文部科学省を始め様々な書籍・資料等で紹介されています。

　PDCAサイクルは，当初モノづくりの品質を向上させる管理方法として流布したものですが，クラス運営にも適用可能として学校経営や学級経営の文脈でもおおいに用いられるようになりました。"P"はPlan（計画），"D"はDo（実施），"C"はCheck（評価），"A"はAction（改善）の頭文字です。元々は，PDS（Plan（計画）-Do（実施）-See（見直し））という3過程のサイクルで説明された時期もあり，この時は単純にSeeの次に再度Planが接続される形でした。内容はPDCAもPDSも大差はありません。PDSの3過程表記からPDCAの4過程表記に移行したのは，PDCまでの部分が具体的な活動の段階を表すことに対し，Aが大まかに改善活動全体のことを表していて，PDCAの4過程全体で"螺旋的改善活動"となっていることを表したかったからでしょう。

　ただ，ここで注意が必要なことが2つあります。まず，PDCAサイクルは，その枠組みが持つ順序性によって，取り扱う対象の性質が安定的な場合に有効であるとされていることです。そして，対象の性質が安定的である，というのは，介入に対する対象からの応答が客観的に把握される尺度で表現され，わかりやすいことが求められていることです。次に，PDCAサイクルの枠組みが持つ順序性は，「計画」から開始されるため，対象のことや介入方法のこと，評価指標の選択，評価時期の設定と評価結果の解釈の仕方，等々を詳細な情報収集の下で決める必要があるために，どうしても時間がかかるのです。

　改めて，PDCAサイクルが持つこのような性質を考えると，教育現場で適切に運用するには，試行錯誤の過程を含んだ入念な準備と工夫が必要です。

　教育現場において評価対象になり得るものとしては，児童・生徒の発達と教員の指導技能があります。個別の指導計画を適切に立案・運用することを考えるため，ここでの評価対象として取り上げるのは，児童・生徒の発達です。この児童・生徒の発達は，上述の安定的な性質であるとは言い難く，むしろ不安定な性質のものです。また，特にPDCAサイクルを開始するためには"P（計画）"の段階で時間がかかりますが，学校は4月から学習活動が始まるため，4月から準備を開始する場合，特別の支援を必要とする児童・生徒の詳細な情報

を収集し，練り上げられた個別の指導計画を立案する時間はなくなります。

　評価対象の性質が不安定なままで，十分な時間をかけて計画を立案することができなければ，PDCAサイクルのデメリットが強調されます。PDCAサイクルの誤用によるデメリットは，対象の理解が浅いことによる誤った指導方法を選択するリスクが高まることと，間違いに対する軌道修正が難しいことです。

　現場感覚としては，何か問題が発生した場合に臨機応変な対応をするものだと思いますが，PDCAサイクルの観点で考えると，想定外の臨機応変な対応が挿入されたことで計画が想定した成果と原因の関係が特定できなくなります。つまり，螺旋状の評価改善過程が成立しなくなるのです。

　以上のようなデメリットを回避する方法としては，校種間連携を皮切りに，対象となる特別の支援を必要とする児童・生徒の特性や指導上の留意点を早い段階から把握して次の計画立案のために準備を始めることと，試行錯誤的な実践の枠組みを取り入れて計画立案に活かすことが推奨されます。

　そして，その試行錯誤の過程をうまく表現していると考えられるのが次項で紹介する「OODA（ウーダ）ループ」と呼ばれるものです。

●（3）OODAループに沿った仮説立案・対応　●

　「OODAループ」という用語に含まれたアルファベットは，それぞれ次の単語の頭文字を取り出したものです。

　最初の「O」は「Observe」のことで"観察"と訳されます。状況を把握するための段階です。次の「O」は「Orient」のことで"状況判断"と訳されます。観察の結果，得られた情報を元に取り得る対処方針がいくつか示されます。3番目の「D」は「Decide」のことで"意思決定"と訳されます。状況判断によって準備されたいくつかの対処方針から実行する方針を選択します。最後の「A」は「Act」のことで"行動"と訳されます。意思決定段階までの過程で選び出された内容を実行します。

　そして，最後の「A」の結果として何らかの状況の変化が生じているはずですから，行動の結果を確かめるための観察（最初の「O」）が行われることにつながります。この循環の過程で実質的な試行錯誤が行われることにより，中長期的計画の立案に必要な，利用児に適合する内容が精緻化されるのです。

つまり，子どもとの関わり合いをOODAループの過程で整理することでPDCAサイクルの重要な要点である“P”の内容を精緻にして，その子どもに適合したものへ近づけることができるようになるのです。

3 「発達の最近接領域」や「芽生え反応」の把握

●（1）発達の最近接領域 ●

前節では，個別の指導計画を立案するにあたり重視すべき考え方をいくつか取り上げました。本節では，計画に織り込む指導対象（どういうところへ働きかけるのか）を設定するにあたり大切な考え方を紹介します。

まずは，発達心理学の基本的な専門知識になりますが，「発達の最近接領域（zone of proximal development：ZPD）」を取り上げます。この「発達の最近接領域」という考えを提唱したのはソビエト社会主義連邦共和国（現在のロシア連邦とその近隣の一部東欧諸国を含む地域にあった国）の心理学者であるヴィゴツキーです。

ヴィゴツキーは，教育を施す目標となるところは現時点で確認されている発達水準ではなく，現時点では未確認であるが確認されつつある発達水準であると考えました。

子どもの発達の姿を思い起こすと，2歳頃になると自己主張が強くなり，なんでも自分でやってみたい，という気持ちが前面に出てきて大人をおおいに困らせるのですが，その様子を例にとると，できないことを何度もチャレンジして，結果それなりにできることが増えるようになります。この“できないけれども，できるようになる途中のところ”が「発達の最近接領域」です。

ヴィゴツキーが様々な機会をとらえて主張してきたように，教育という形で行う発達現象への介入は“これから発達を遂げていくところ”を目標としたほうが効率的であることは疑いようがないことです。

●（2）「芽生え反応」の把握 ●

「芽生え反応」とは，第3章（p.42）でも登場している自閉症とその関連障害のある人への指導・援助の方法である“TEACCH”の鍵概念の1つです。

内容は，奇しくも「発達の最近接領域」と瓜二つです。

　TEACCHでは，自閉症児者は能力の伸長と環境の構造化の2つの異なる方法論を同時に適用することで，不適応な状況が緩和され，適応的に振る舞うことができるようになる，と考えます。そして，「芽生え反応」は"能力の伸長"を進めていくために具体的にどのようなところへ介入を行うことがよいのかを探求する中で見出されてきたものです。「できること」と「できないこと」の間にある「できないに分類されるけれども，できるようになってきている途中のところ」のことになります。

　芽生え反応を見分けるためには要点を押さえた観察が大切です。「できる」という状態が維持されるためには，やり方を知っている，やり切ろうとする意志を持っている，実際にやり切る環境が整えられている，等々の要件が整えられている必要があります。それゆえ，「芽生え反応」はこれらの条件が不完全な状況に置かれていると読み解くことができます。

　例えば，やる気はあるが適切なやり方を知らない，という人もいれば，やり方は知っているがやる気が全く起きない，という人もいます。でも，ここまではっきり見えてくると，指導・援助をする側としては次に何をすればよいのかという問いに容易に答えられそうです。やり方を知らないのであればやり方を教えて練習を重ね，やる気がなかなか高まらないのであれば，やる気が高まる様々な企画や仕掛けを用意することになります。

④　ABC分析による問題事象の時系列整理

●（1）ABC分析による問題事象の時系列整理　●

　ABC分析は，本書の第3章（p.43〜45）で紹介した応用行動分析（ABA）における問題状況の評価と理解のための枠組みです。

　ABC分析における「A」は"antecedent"の頭文字で先行事象のことをいいます。「B」は"behavior"の頭文字で行動のことをいいます。ここでは，「問題事象」と表現します。「C」は"consequence"の頭文字で後続事象のことをいいます。成書によっては日本語表記に揺れがありますが，しっかり内容を理解することを心がけてください。

　さて，私たちは，注目される問題事象に対して直接対応をすることで問題解決を達成しようとしがちです。しかし，ABC分析の考え方からすると，問題事象が生じた際，その関係者に直接的な危害が与えられることがなければ，その問題事象が発生した状況を丁寧に調べ，問題事象が発生するまでの様々な出来事を確かめていくことや問題事象の後に続いて関係者が行った対応の適切性を確認していくことを重視します。

●（2）問題事象の整理と分析 ●

　ABC分析を学校現場において具体的に展開しようとする時には，問題事象が発生する経緯を把握するために情報収集がとても重要になります。同僚の先生が複数その場にいて，それぞれの立ち位置から問題事象の発生直前の様子や関係者のやり取りが目撃されていれば話は早いですが，そういうことは非常に稀でしょう。そうすると，問題事象が発生した際に近くにいた児童・生徒に状況の確認をすることも考えなければなりません。

　その時，注意が必要なことは，状況を目撃した人の主観や解釈が混入しないように，事実のつながり（いわゆる，4 W1H：「いつ（When）」「どこで（Where）」「だれが（Who）」「なにを（What）」「どのように（How）」）について確認しようとすることです。

　また，ABC分析のA・B・Cのそれぞれに関して，どのような情報を収集すればよいのかについては，以下のように考えられています[1]。

　A（先行事象）としては，「望ましくない行動の前に何があったのか」「望ましくない行動をした時，誰がそこにいたか」「その行動はどこで起こったか」「その行動は一日のうち，いつ起こったか」といった観点が想定されます。

　B（問題事象）としては，「その行動はどのように始まるか」「その時子どもは何をして，何を言ったか」「その行動はどれくらいの頻度で起こるか」「その行動はどの程度深刻か」「その望ましくない行動はどれくらいの時間続くのか」といった情報を収集します。

　そして，最後にC（後続事象）としては，「望ましくない行動の後で，他人の子どもへの要求や期待がどう変わるか」「望ましくない行動の後で，子どもの集める注目度がどう変わるか」「子どもの早急な目標や望みがかなえられるか」

といった観点が想定されます。

　また，問題事象の解決を考えて子どもに対して状況を聞き取る時には，問題事象を発生させざるを得なかった当事者の気持ちを理解するためという理由で聞きとることがよいでしょう。

　詳しい情報を得るにあたり，問題事象が発生した地点と終結した地点の情報，問題事象に関連する事柄が発生していった時間の情報，問題事象に関与した各人が前項の地点とその周辺でどのような振る舞いをしていたのかの情報，等々について時系列を正しく記述することがとても重要になります。

●（3）先行事象と後続事象の確認と行動の調整 ●

　ABCというつながりの中で問題事象が発生した経緯を見ていくことで，AからBに至る直接的な因果関係とCから"次の"Bの発生に至る準備が行われている関係性が見えてきます。ただ，問題事象Bに対して先行事象Aに相当する情報をどの程度の範囲まで収集すればよいのか，についてはケース・バイ・ケースで考える必要があります。問題事象Bに対する後続事象Cが与える影響に関する情報収集についても同様です。

　そのようにしてABCのつながりを明確にできたら，次に行うのが行動の調整のための対応方針の策定です。これには，いわゆる"行動の原則"を用います。

　応用行動分析やその発祥元の行動分析学では，行動の出現や消失の様子と行動の出現を強めたり弱めたりする因子との関係を組み合わせた4つの関係性を指摘しています。行動が表れる頻度が増えることを"強化"，減ることを"弱化"といいます。また，行動が表れる頻度が増える要因を"強化子"とか"好子"といいます。行動が表れる頻度が減る要因を"弱化子"とか"嫌子"といいます。これらの組み合わせから得られる4つの原則が①好子出現の強化，②好子消失の弱化，③嫌子出現の弱化，④嫌子消失の強化，です。

　以上のような関係性を専門的に"随伴性"と呼びます。また，それぞれの随伴性について例をあげてみると次のようになります。

　あなたは，読書が好きな人としましょう。でも，日々の日課に追われて，なかなか好きな読書に割ける時間は多くありません。そんな時に，知人はあなたが以前から読みたがっていた貴重な本を入手したことを教えてくれました。そ

して，その貴重な本を貸してくれるというのです。あなたは，早速，寝る間も惜しんでその貴重な本を読み漁りました。これが①好子出現の強化の例です。

　何日かするとあなたは知人が貸してくれた貴重な本をすべて通読し，内容についてもしっかり覚えてしまいました。その本はもう知人に返さなければなりません。そうして，その貴重な本を返した後，あなたはその貴重な本を借りた時ほどには読書をしなくなりました。これが②の好子消失の弱化の例です。

　さて，読書が好きなあなたはあらかた自宅にある本を読み尽くし，お小遣いも少ないので地域の図書館に出かけ，そこで興味深い本を見つけて読み耽りたいと考えるようになりました。図書館に行くと幸いなことにお目当ての本がすぐに見つかり，読み出したのですが，折悪く，あなたが苦手としているわがままで他の人の話を聞かず自分のことをたくさん話す知り合いと会ってしまいました。あなたは，このままではこの知り合いの自慢話を延々と聞かされ，自分が本を楽しむ時間がなくなると考え，手にとった本を読むことをあきらめて図書館から出ることにしました。これが，③嫌子出現の弱化の例です。

　ところが，その日はその知人も忙しかったらしく，一言二言挨拶を交わすと「大変なことが起きた」と図書館から去っていきました。あなたは，警戒していた知り合いが早々にいなくなったことをいいことに，再び先程読もうとしていた本を手にとって読み耽ることにしました。これが，④嫌子消失の強化の例です。

　問題事象Bとして把握されている行動は低減を目指して関わりを持つことになるため，上記の②ないしは③の方法を先行事象Aや後続事象Cに対して施すということになります。また，単純に問題事象Bの出現を低減させるということが難しい場合，問題事象Bとは異なる推奨行為B＋という行動を増加させて置き換えるという方針を取ることもできます。この時は，推奨行為B＋の出現を増加させたいので先行事象Aや後続事象Cにおいて上記の①や④の方法を採用することになります。

　ただし，問題事象Bの低減か推奨行為B＋の強化の別なく，"嫌子"の取り扱いは注意と配慮が必要であるため，できるだけ"好子"を用いた具体的な対応方法を案出できるようになることが望ましいことになります。

5 接続・連携のための共通言語

● （1）就学前後の共通言語としての「幼児期の終わりまでに育ってほしい姿」の役割 ●

　文部科学省は，学校教育全体で育む力として「知識及び技能」，「思考力，判断力，表現力等」，「学びに向かう力，人間性等」の３つを掲げました。学校教育全体で育むとしていることから，幼稚園から高等学校までの期間の学びについて一貫した目標を掲げたことになります。その期間のうち，幼稚園では上述の３つの力の"基礎"を育成するものと位置づけられました。幼稚園と小学校の間には"３つの力の基礎"と"３つの力"が対応関係を持つことになったため，この間をつなぐ考え方が必要になりました。それが，幼稚園教育要領に示された10項目からなる「幼児期の終わりまでに育ってほしい姿」です。

　「幼児期の終わりまでに育ってほしい姿」に含まれる内容は，①健康な心と体，②自立心，③協同性，④道徳性・規範意識の芽生え，⑤社会生活との関わり，⑥思考力の芽生え，⑦自然との関わり・生命尊重，⑧数量や図形，標識や文字などへの関心・感覚，⑨言葉による伝え合い，⑩豊かな感性と表現，です。

　小学校学習指導要領では，この「幼児期の終わりまでに育ってほしい姿」に基づいて一人ひとりの幼児の育ちをふまえた指導の工夫をするよう指示しています。つまり，就学前施設の先生と小学校の先生の間で情報共有や様々な議論を効率よく行う共通言語としての位置づけが与えられているということです。

● （2）「幼児期の終わりまでに育ってほしい姿」が小学校低学年以降の指導・援助に及ぼす影響 ●

　幼稚園等の就学前施設と小学校との間の接続を円滑にするという視点で見ると「幼児期の終わりまでに育ってほしい姿」を活用するのは，実質，小学校低学年までという考え方ができます。

　就学期カリキュラムと呼ばれる就学前施設で立案される"アプローチカリキュラム"と小学校で立案される"スタートカリキュラム"との間の整合性を取るということと，小学校１年生と２年生で配当されている「生活科」という教科の内容で利活用がしやすいからです。

　ただし，特別な教育的ニーズの存在を考慮すれば，小学校低学年に限定して利活用されるものではなく，それ以降も継続して意識されなければならないものです。

　例えば，「特別な教育的ニーズ」には，障害の有無で大きく2つの受け止め方があります。「障害のある」子どもの特別な教育的ニーズは，障害による影響が認められるものになりますから，発達の遅滞や偏りが確認されるため小学校の中・高学年以降も具体的な生活上・学習上の困難が認められる例があります。つまり，幼児期の終わりまでに育ってほしい姿として要求される内容が"幼児期の終わりまで"という期限を後ろ倒しで受け止めなければいけない事例があることになります。

　また，一方で「障害のない」子どもの特別な教育的ニーズは，本書で取り上げているものであれば，不登校への対応や貧困による影響とその対応，日本語指導が必要な子どもへの指導・援助方法が注目されます。

　特に，日本語指導が必要な子どもへの指導・援助方法については，第7章でも触れている通り，母語と第二言語にあたる日本語での認知能力と言語能力の発達における関係性や生活言語能力と学習言語能力の違いが注目されつつあります。母語による学習により抽象的な思考が可能となっている場合，日本への転居・移住をしたとしても第二言語である日本語のスキルが向上することに応じて，第二言語での抽象的な思考が可能になることを紹介しました。

　それらの知見を考慮して，「幼児期の終わりまでに育ってほしい姿」として取り上げられている項目を見ていくと，就学前の時期のうちに幼児期の終わりまでに育ってほしい姿に沿った生活や遊びの体験をいかにたくさん子どもへ提供できるのか，ということが喫緊の課題になっているといえます。

　就学前の体験の豊かさが母語や第二言語での抽象的な思考における操作に影響を持つことが示されたわけですから，「障害のない」子どもの特別な教育的ニーズという観点からも，小学校低学年以降も「幼児期の終わりまでに育ってほしい姿」が示している諸項目を丁寧に指導することが重要になります。

┌─────────────────────────────┐
         第9章のまとめ
└─────────────────────────────┘

　第9章では特別の支援を必要とする子どもに対して作成する個別の教育支援計画や個別の指導計画をふまえて，計画・評価・改善の流れやそれぞれの方法について整理しました。方法の中には学校に在籍するすべての子どもの指導に共通する方法も含まれます。個別の教育支援計画や個別の指導計画は評価・改善が重要になります。計画作成も含め適確な運用をするために，各種分析方法や幼保・小の連携も考慮する必要があることを再確認しておきましょう。

　本章の学習内容について，復習を兼ねて以下の観点から整理しましょう。

① 個別の教育支援計画と個別の指導計画の特徴について，それぞれの違いを比較しながら整理してみよう。

② 学校で行うべき合理的配慮にはどのようなものがあるか考えてみよう。

③ 4つの「随伴性」について身近な例を見つけて記述してみよう。

④「特別の支援を必要とする子ども」が抱える課題の整理・分析と幼稚園・保育所・学校との連携のあり方を整理してみよう。

⑤「特別の支援を必要とする子ども」に「目指す子どもの姿」を意識しながら担任として関わる，あるいはクラスの子ども同士が関わる際，どのような点に注意・配慮する必要があるか，考えてみよう。

■引用文献■
1）アリソン・マンデン＆ジョン・アーセラス（市川宏伸・佐藤泰三監訳）：ADHD注意欠陥・多動性障害―親と専門家のためのガイドブック，東京書籍，2000，pp.133-142

■参考文献■
・文部科学省：障害のある子供の教育支援の手引～子供たち一人一人の教育的ニーズを踏まえた学びの充実に向けて～，2022
・無藤隆編著：幼児期の終わりまでに育ってほしい10の姿，東洋館出版社，2018
・E.ショプラー・佐々木正美監修：自閉症の療育者―TEACCHプログラムの教育研修，神奈川県医療福祉団，1990
・佐々木正美：自閉症児のためのTEACCHハンドブック，学習研究社，2008
・相澤雅文・清水貞夫・二通論・三浦光哉編著：特別支援教育コーディネーター必携ハンドブック，クリエイツかもがわ，2011

第10章 特別支援教育コーディネーターの業務と役割

第10章の学習にあたって

　第10章では，学校に配置されることとなった特別支援教育コーディネーターについて，その業務や役割，求められる対応を整理します。特別支援教育コーディネーターは，「特別の支援を必要とする子ども」への直接的支援に加え，保護者や学外の専門職も含めて子どもに関わる多くの人との連携，調整を行います。このため，本書で説明してきた内容をふまえた対応が求められます。

　第10章を学習するにあたって，今までに学習した内容を事前学習（予習）として再確認しておくと，理解がより深まるでしょう。

1　特別支援教育コーディネーターの役割と位置づけ

●（1）特別支援教育コーディネーターの役割と学校組織上の位置づけ ●

　特別支援教育コーディネーターは，2007（平成19）年に学校教育法等の改正によって特殊教育が特別支援教育に変更された際，新たに導入された校務分掌です。特別支援教育コーディネーターの人員や業務内容の細かなところは，学校ごとに異なりますが，おおまかにどのような役割を果たす存在なのかというと“仲介者”と表現することができます。

　この特別支援教育コーディネーターは，校長や園長の指名により担当者が決まります。そのため，教員であれば，いつかどこかで指名されるものと考えてください。特別支援教育コーディネーターが担う業務は，校務分掌の名称が示している通り，特別支援教育に関係する専門知識とコーディネーション活動を展開するための専門知識が必要です。これらの専門知識を本書では取り扱っていますので，自分が指名された時に困らないよう，学んでください。

　特別支援教育コーディネーターが行うことになっている具体的な業務には，

特別支援教育に関わる校内委員会の企画・運営などを始めとした校内の連絡調整や特別支援教育に関する話題での同僚教員への支援，校外の専門職や保護者・関係者との情報共有・連携などがあります。

　特別支援教育に関わる校内の様々な連絡調整としては校内委員会の企画運営があります。校内委員会では，特別支援教育の対象となる児童・生徒の情報共有の場としての役割や通級による指導（第8章「2　通級による指導」を参照）を適用するか否かという指導・援助内容の決定などが行われます。

　また，同僚教員の特別支援教育に関わる悩み事への相談にのることも重要な役割です。悩み事の内容にもよりますが，同僚教員の特別支援教育に関係する知識が不足している状況であれば，直接，助言を行います。連携を含む対外的な対応が必要である場合は，外部の関係者や専門職に問い合わせを行い，特別支援教育コーディネーターが間に入り外部の関係者や専門職と同僚教員をつなげる，という対応を行います。

　保護者との情報共有・連携は，一人ひとりの子どもの特別な教育的ニーズを把握して指導するために行います。特に，学校種が変わるタイミングの前には必ず行う必要があります。共有する情報には，これまでのその子どもへの指導経過や家庭で過ごす様子などがあります。発達障害の診断のある子どもの中には，習得したことの般化が難しい子どももいるため，家庭と学校との間で同じルールで生活と学習ができる環境を整えることが望ましい場合があります。

　以上の例のように，特別支援教育コーディネーターは保護者とつながりを持ち，特別な教育的ニーズの内容や家庭と学校の両方で見せる子どもの姿を知り，関係者へ伝達する役割を持ちます。そして，保護者からの情報だけでは不足がある場合，保護者の同意を得ながら，幼稚園教諭や保育士といった過去にその子どもに関与した育ての分担者からも情報を得る必要が出てきます。

　そのため，特別支援教育コーディネーターは，"仲介者"といえるのです。

●（2）学校種の違いによる特別支援教育コーディネーターの役割の違い ●

　通常の学校に特別支援教育コーディネーターが配置された際，同時に特別支援学校にも特別支援教育コーディネーターが置かれました。おおよその役割はそれぞれ共通しています。ただ，2007（平成19）年の学校教育法改正の際，特

別支援学校には新たに「その特別支援学校がある地域の特別支援教育に関する
センター的機能を果たすこと」という事項が加えられた関係から，特別支援学
校の特別支援教育コーディネーターは，結果的に通常の学校の特別支援教育
コーディネーターと少々異なる役割を持つことになりました。

　地域の特別支援教育に関するセンター的機能を果たすためにどのようなこと
に取り組むのかは，各都道府県教育委員会の考え方によりますが，特別支援学
校には“通常の学校における特別支援教育に関する相談を受け，助言や援助を
行う”という役割が付け加えられました。

　そのため，特別支援学校の中には「相談部」という部局をつくり，担任する
子どもを持たずに専ら“仲介者”としての役割を果たしている教員もいます。

　このような違いをとらえて，通常の学校の特別支援教育コーディネーターの
ことを「校内支援型」，特別支援学校の特別支援教育コーディネーターのこと
を「地域支援型」と整理することもあります。

2 「連携と協働」の意味と相談援助技術

●（1）「連携と協働」の意味 ●

　特別支援教育コーディネーターの校務を遂行するためには，関係者との連携
がとても重要です。特別の支援を必要とする子どもの情報を関係者の間で共有
し，必要な対応について役割分担をします。

　具体的な連携活動を考えると，情報共有の面で注意すべきことが1つありま
す。それは，対象となる子どもの年齢や時期によって少しばかり内容が変わる
ことです。学校種の変更（卒業と入学）を迎える学年の年度末や学校種を変更
した年度始めの時期は，情報共有の方法が増えるのです。このことを“接続”
と言います。本章の最後に連携のための情報共有に関する注意点をいくつかの
項で述べていますので，その点を確認してください。

　次に，連携活動の役割分担の面で注意すべきことを1つ述べます。筆者は，
「役割の線引き問題」と呼んでいます。本節を題している「連携と協働」のう
ちの“協働”を考えるポイントです。

　特別支援教育コーディネーターとして連携活動を進め，対象となる児童・生

徒への指導体制を整えて，効率的に指導の成果を得たいのであれば，役割分担に留まらずに"協働"の要素も備えるほうがよい，ということです。

　役割分担という言葉は，まず"自分の取り組むべき"部分に意識を向けるように働きかけることになります。"私はいつどこで何をすればよいのか"を明確にするということです。この"自分の取り組むべき"部分を考える時にぜひ，相対的な視点で"自分の取り組むべき"部分を理解してください。

　相対的な視点を入れるということは，連携先の相手の得意不得意をふまえて対象児をどのように見て関わろうとしているのかを理解するということです。

　ここで，次の事例を見てみましょう。

> 　「強い偏食」という問題を抱えている子どもAがいます。保護者Bと担任C，特別支援教育コーディネーターDが対応することになり，B，C，Dが集まり，対応を協議します。Dが事前に保護者Bの偏食指導についての意向を聴き取り，また，担任Cからも偏食指導に関する悩みや方針策定の難しさを把握します。そして，保護者Bと担任Cが対象児Aの偏食の問題をともに解決するために協力する仲間意識を持てるよう，会議で促します。その結果，指導方針として，保護者Bと担任Cとで家庭と学校でそれぞれどのような取り組みをするのかを決めることができました。

　おおよそはここあたりまで決めることができれば，一般的に想定されている連携体制の構築という当初の目標は達成できたことになります。しかしながら，ここからもう一歩踏み込んでほしいところです。

　保護者Bは対象児Aに対して担任Cがどのように言葉がけをして関わろうとしているのか，担任Cは対象児Aに対して保護者Bがどのように言葉がけをして関わろうとしているのかをそれぞれが理解して自分の関わり方を調整することができるという状況に持っていけるのではないでしょうか。そして，ここで要求している水準の関わり方が「協働」に他ならないのです。

　"きょうどう"という読みの単語はいくつかありますが，使用される漢字によって少しずつ意味が異なります。具体的には，「共同」，「協同」，「協働」などがあげられます。「共同」はその場所で同じようなことをするという意味合いになります。共同浴場とか共同トイレという使われ方をします。「協同」はある目的のために複数の者が共通の活動を行う様を言い表します。そして，

「協働」はある目的のために複数の者が自分の得意なことを持ち寄ってその目的の達成を目指す様を言い表す言葉です。

　このような言葉の意味の違いをふまえると、"多職種連携"に取り組むためには"協同"という水準の活動があってもよいのですが、"協働"の水準の活動が維持されることが必要になってきます。

　筆者が過去に行った調査では、某町でこの"協働"の水準を維持するために関係者が週末自主的に食事処に集まり、前回の集まり以降どのようなことがあったのかを報告し合ったり、自分の考えを述べて意見を聞き合ったり、ということを続け、成果を上げているという事例がありました。

　最近は、勤務時間外に時間を捻出して、自腹で食事をとりながら関係者の考え方や関わり方を理解する、というやり方がよいとは言い切れなくなってきましたが、担当者としての考え方の理解、定時報告の相互確認という行為の積み重ねは自然にPDCAサイクルを回すことへとつながり、何より定時報告の相互確認の過程にピア（仲間の意）カウンセリングの効果を見ることもできます。

●（2）実践に必要な知識と技能（相談援助技術）●

　前節で説明した"連携と協働"を関係者がチームとして展開するためには、第3章「5　相談援助の基本と指導場面への援用」で取り扱った相談援助の原理原則に基づいて対象となる児童・生徒を理解し、援助することが求められます。また、関係者同士がお互いの特徴を把握することが必要になります。

　そして、関係者がチームとして展開するために必要なこととして、援助の方向性やチームとしての価値観の共有があげられます。特に、"協働"を目指して活動を行う場合、関係者間でそれぞれの得意不得意を心得た援助活動を展開することになるため、関係者一人ひとりが何をするのかという点でではなく、どちらを向いて自分の役割を果たすのかという点で揃えることになります。

　そのため、バイステックの7原則に加えて、"ストレングス視点"や"エンパワメント・アプローチ"などの観点も併せ持つことが望ましいことになります。

　"ストレングス"とは強さとか強み、得意という意味です。どのような人であれ、その人にとって好きなことや得意なことが必ずあります。その好きなことや得意なことに注目して、その部分を問題解決のための態勢づくりや拠り所、

時には，突破口として考えます。

また，"エンパワメント"とはクライエントを強くする，力づける，という意味です。"エンパワメント・アプローチ"とは，クライエントのストレングスを見取りそのストレングスを生かす方向で援助を組み立てようとする考え方です。

以上の視点やアプローチ法に共通していることは，問題の所在や発生源が問題を抱えている個人の外にあるという考え方をする点です。障害のある児童・生徒を援助する場合，障害が表に現れている状況というのは身体上の問題や機能不全が関係していることが多いため，問題の把握の仕方が"治そう"という感じに近づきます。しかし，私たちは医師を目指しているわけではありませんから，あくまでも児童・生徒が自分から何かをしようと一歩を踏み出す気持ちを支える，と考えてください。これについては，第1章「2　ICIDHのインパクトとICFへの展開」で紹介したICFモデルを再確認しておきましょう。

●（3）特別支援教育の校内体制の充実に向けて ●

本節を通じて，特別支援教育コーディネーターの業務に必要な知識や有効と考えられることを紹介しました。これらの状況を改めて見直すと，特別支援教育コーディネーターは他の教員の業務と兼務できるのか，という疑問が生じることでしょう。担任業務を行いながら，校外の関係者や専門職と連絡をつけたり，実際に会いに行ったり，などということは困難といわざるを得ません。

1つの提案としては，特別支援教育コーディネーターとして指名する人数を1人とせずに複数にすることが考えられます。これは，管理職の理解があれば比較的実現しやすいと思われます。また，特別支援教育コーディネーターに指名された場合は，その間学級担任等をせずに特別支援教育コーディネーター業務に専従することも考えられます。

③ 保護者との連携

●（1）保護者と連携をする意義 ●

前節の事例で保護者が登場しましたが，保護者と連携をする意義は，指導の効果を様々な場面で発揮できるようにするということに尽きます。そして，教

員と保護者の関係性がよくなるように見守り，調整するのが特別支援教育コーディネーターの役割でもあります。

第3章「2　TEACCHの哲学」でも述べたようにTEACCHでは，保護者に協働教育者という位置づけが与えられています。ただ，ASDの特性が強い子どもの場合，"協働"より"協同"という感覚で保護者が指導に関与してくれると，子どもの側から見た時に，学校でも家庭でも同じことを同じルールに基づいて行うことになり，学んだことを日常生活でも発揮しやすくなります。

また，家庭と学校という「場」の違いに注目して考えると，ASDに限らず様々な教育的ニーズを持つ子どもにとって，家庭が安全基地，学校が探索対象，という役割分担がこれまでの見方でもあることから，この役割分担を維持するために保護者と担任との間で"協働"してその子どもに対応するということもその子どもの育ちにとって大切な関係性の表現であるといえます。

近年は，この「場」としての家庭と学校の役割分担の仕方が変化してきているため（例：ひとり親家庭の増加による保護者と子どもの関わりの変化等），従来とは異なる関わり方を保護者も担任も模索することが増えてきているでしょうが，その模索も保護者と連携することで様々な調整が可能になるのです。

●（2）「障害受容」のとらえ直し ●

保護者と担任や特別支援教育コーディネーターが連携し，協働して特別の支援を必要とする子どもの指導・援助にあたることを述べてきましたが，"協働"の内容には「関係者がお互いに相手の得意不得意を理解して行動する」という要素が含まれます。この部分で注意することは，得意不得意を理解して行動することは連携先を評価することであり，同時に連携先から自分が評価されるという関係性になっている，ということです。この相互性を忘れたり，見落としたりしてしまうと，連携がうまくいかなくなる原因になります。

教員の側から保護者の評価をする場合，1つだけ注意を喚起したいのが，本項で取り上げる「障害受容」のことです。読んで字の如く，本人や保護者や近しい関係者がその子どもの障害について受け入れることをいいます。なぜ注意を喚起するのかといえば，この障害受容のことを学ぶことで，一部に"保護者は子どもの障害を受け入れるように努力すべき"という考えになる事例を見聞

きするからです。それは，誤りです。

　障害受容に関する理論には様々なものがありますが，日本国内においては，リハビリテーションの分野での整理が強い影響を持ったようです[1]。国内のリハビリテーション医学のテキストでは，臨死患者が死を受容するまでにどのような心理的ステージを経るのかを明らかにしたキューブラー・ロス（Kübler-Ross, E. : 1926-2004）の臨床実践[2][3]から説き起こすことが多いようです。しかし，心理的ステージという考え方で対象者の状況を把握しようとするいわゆる"ステージ理論"はロス以外も採用しており，広くリハビリテーションの分野で受け入れられたと考えられています[1]。

　これらのステージ理論は，病気の人や何か障害のある人の心理的な状況を記述したものです。そのため，保護者が自分の置かれている状態に対して，どんな感情が湧き上がりどのように対処しようとしたのか，また，その感情の湧き上がりと対処の方法がどのように変化していくのかを理解するために援用されたものと思われます。また，指導者・援助者がステージの最終段階に置かれた障害受容を到達すべき目標として考えるようになっていきます。

　例えば，A君の保護者BはまだまだA君の置かれている状況を理解しようとしないから，○○という方法を提案しても同意してくれないので話が進まない…，というように，保護者の障害受容の段階が前進しないことが子どもの指導がうまくいかない原因として語られることが時折耳に入ります。

　この考え方では，保護者と連携して子どもの発達を保障しようということにはなりません。また，そもそも障害などの特別の支援を必要とする子どもの保護者が我が子の障害（可能性を含む）を受け入れられるものなのか，と考えると，障害受容理論の最終段階に示されている「受容」へ到達することができる人がどれくらいいるのか，という疑問が浮かび上がってきます。

　以前に筆者は，ある自閉症児の保護者に教えてもらったことがあります。当時，自閉症は治らないといわれるようになってしばらく経っていましたが，もし自閉症を治す薬が開発され，その薬の治験に協力してくれないかという相談がきたら，迷わず手をあげるそうです。その保護者は，「親であれば我が子が自閉症と診断を受けていても互いに目を見て挨拶を交わしたいと願うものだ」と言いました。この話から，生きている以上は，保護者の気持ちや想いは揺れ

動くものであるし，子どもの障害を受容するのではなく，現状に満足するように自分をたしなめて，ある種のあきらめの中から子どもとの関係性をよくしていこうという姿が見えてくるのです。

　すべての保護者がこの話のように考えているわけではないとしても，保護者との"協働"を考えていくためには，この部分の機微を軽視してはなりません。そのため，障害受容理論に示されている段階は「保護者が通過・達成すべき内容」ではなく，「教員が保護者に寄り添う際に保護者の心理状態を理解する助け」として押さえることと，障害受容の段階に至らないことは何も悪いことではなく普通のことだと認識を改めることが必要になります。

●（3）合理的配慮に基づく個別の指導計画の立案に関する留意点　●

　特別の支援を必要とする子どもの個別の教育支援計画や個別の指導計画を作成する時，忘れてはならない考え方が"合理的配慮に基づいた手続きに従って立案する"ことです。ここでは個別の指導計画の立案について説明します。

　この個別の指導計画の作成にあたり，本来は，保護者と担任が1対1でやり取りするほうが話は早いものです。しかし，現状では，保護者と担任がいびつな関係性になっていることが多いように見受けられます。誤解を恐れず述べると，特別の支援を必要とする子どもに関する知識量や経験量が教員よりも保護者のほうが勝っていることが多くなってきているのです。

　その理由は，2つあると考えられます。1つ目の理由は，乳幼児健康診査を始めとした就学前の検査などで早目に特別の支援を必要とする子どもが発見されるようになり，そのことで保護者も我が子のこととして学ぶことが普通になってきたことです。2つ目の理由は，特別支援教育の枠組みや制度，関連する指導法などについて，学生のうちに十分に学べなかった教員が多いということです。これについては，2019（令和元）年以前に入学した教職課程の学生においては，本書で取り扱っている教科目が必修化されていなかったからです。

　保護者は，担任や特別支援教育コーディネーターの教員が自分よりも我が子の障害のことや対応方法に関して知らないことが多いということをわかっていたとしても，何かを言い出すことは多くありません。保護者と教員という立場の違いを考え，我が子が不利になるようなことを避けたいからです。

　しかしながら，このような関係性は，明らかに保護者と教員の双方，さらには指導を受ける児童・生徒にとってよいことにつながりません。保護者からの言葉を聞くことができないことによって，教員は，保護者と教員の間にある現状認識のずれや将来見通しのすれ違いに気づくことができないからです。

　障害者差別解消法で規定された"合理的配慮"と呼ばれる過程を学校でも必ず取り組むことになったのは，上述したような関係性の中に必ず存在する意見の行き違いや不平・不満を解消し，関与する当事者全員が納得した上で学校生活を過ごすことを目指しているからです。

　この合理的配慮とは，障害のある当事者（およびその代弁者）からの要望（環境の改善，サービス利用の要請，等々）を受けて，要望を出された側が日常の業務の範囲を超えないレベルで可能な対応案を示して一致点を見つけ，その一致点に基づいてサービスの提供を行うことをいいます。そして，そこで出された要望の原因となる問題点について，次回以降そのような要望が出されなくてもよいように計画的に改善に努めることを含みます。

　担任に必要な留意点は，特別の支援を必要とする子どもと保護者の意見・要望を可能な限り引き出し，そこで示された願いや想いを柱に具体的な学習目標とそれを達成するための具体的な指導方法を示して同意を得ることです。

　特別支援教育コーディネーターに必要な留意点は，弱い立場の保護者と特別の支援を必要とする子ども本人の考えや想いを代弁する（場合によっては，保護者より専門知識が乏しい教員の援助をすることもあります）ことを心がけ，個別の指導計画に学びの主体者である"子ども"の願いや考えが十分に反映される内容となるように援助することになります。

④ 校内の教職員との連携

●（1）校長によるバックアップの必要性 ●

　特別支援教育コーディネーターの業務内容には，個人として動くことで問題解決に近づく部分と，学校という組織体に働きかけて問題解決に近づけるという部分があります。前者は，同僚教員からの相談を受けることや保護者・校外の専門職との連携といったことが該当します。後者は，特別支援教育に関する

校内委員会を企画・運営することなどが該当します。そして，後者の活動を実りあるものにするためには，校長によるバックアップが欠かせません。学校という組織体に秩序を与え，全体としてその学校で行われている教育活動の質を向上させるための後押しが必要だからです。

　特別支援教育が導入されて間もない頃は，いかに特別支援教育に関する校内委員会を開催するのか，という点が懸案になっていました。しかし，特別支援教育が導入されて15年以上が経過した現在では，年間の開催回数の増加やそこで取り扱う課題の精緻化といったことが課題になってきているようです。

　特別支援教育に関する校内委員会を安定して開催できるように，他の部局・委員会と折り合いをつけてもらい時間と場所を確保することや，開催する委員会へ参加する教職員を増やしていくことも特別支援教育コーディネーター単独で行うのではなく，校長のバックアップを受けて進めることが大切です。

●（2）担当窓口だけではない仲介者としての役割 ●

　ここでは，地域支援型ではなく主に校内支援型の特別支援教育コーディネーターの役割として，特別支援教育に関する相談窓口の機能について述べます。

　児童・生徒への指導と同じことになるのですが，自分を含めて同僚教職員の専門知識や技能の向上に合わせて，特別支援教育に関わる様々な日常業務を遂行できるように援助することも特別支援教育コーディネーターの役割です。

　特別支援教育コーディネーターの役割や位置づけを考えますと，必然的に中堅以上の力量のある教員が指名されることが望ましいことは明らかです。このような経験豊富で力量のある教員が仲介して同僚教員を援助するからこそ，在職年数が伸び，様々な規模の学校でキャリアを積み重ねることで特別支援教育に関する専門知識や実際の対応経験が増え，同僚教員も普通学校における特別支援教育の充実に貢献することができるようになります。

　新規採用の教員であれば，知識水準で見聞きしたことが現場水準での業務に応用・展開できることは少ないでしょう。そうした場合，特別支援教育に関わる業務についての相談先が特別支援教育コーディネーターです。このような段階では，特別支援教育コーディネーターが窓口としての機能を果たし，必要な知識やノウハウを伝達しながら新規採用教員のすべきことを代行することが多

いでしょう。そのような段階の後，新規採用職員の遂行する特別支援教育に関する業務内容に対して必要な指示や助言を特別支援教育コーディネーターとして与えつつ，少しずつ新規採用教員のできることを増やしていきます。つまり，徐々に「特別支援教育のことであれば何でもご相談ください」という窓口から解決方法を知る他者とつながりを持たせ，そのつながりの中から教員自身が具体的な対応経験を学び取れるように仲介するのです。

●（3）校内委員会の運営 ●

　校内委員会というとたくさんの種類がありますが，ここでは「特別支援教育に関する校内委員会」を指します。

　この校内委員会を企画・運営するのも，特別支援教育コーディネーターの大切な業務になります。特別支援教育が導入されて間もない時期は，校内の特別の支援を必要としている子どもの把握や情報共有ということが中心課題になっていたようでした。

　最近では，通常の学校における特別支援教育に関する取り組みも蓄積されてきて，特別支援教育の開始当初よりもより実際的な事柄を相談・検討することができるようになってきているようです。特別の支援を必要とする子どもの情報（特性や対応方針）について共有するだけでなく，指導経過の振り返りや通級による指導の利活用に関する判断なども行うようになりました。また，対象児が児童虐待などの別の問題を抱えていることが明らかである場合は，特別支援教育に関わる校内委員会と別の要保護児童支援関係の校内委員会と合同で対象児の対応について相談をするということも行うようになってきています。

　以上のようなことからも，特別支援教育の専門知識と技能を持ち，合わせて他者とつながりをつけていくソーシャルワーク的な働きが，より一層求められているといえます。

●（4）研修内容の企画・運営 ●

　特殊教育から特別支援教育への切り替わりの頃は，それまで特別支援教育に関する学習や研修に取り組むということが少なかったため，研修内容に"発達障害の理解"というテーマが置かれることが多くみられました。また，講師を

外部（特別支援学校の教員を含む）から招いたり，自分たちで調べたことを共有したり，時には外部で催される研修会等の情報を調べてきて同僚教職員と共有したり，という形で研修に取り組まれていました。

　現在では，研修の形態はあまり変わらないものの，内容が少しずつ変わってきているようです。例えば発達障害の理解についての内容から，"どのような指導方法があるのか"という内容に変化してきています。最近までの動きで取り上げられた話題としては，アンガーマネジメント，愛着障害，コグトレ（Cog-Tr，認知トレーニング），応用行動分析（ABA）などがあげられます。

　どのようなテーマを選ぶのかは，その時々の時代の流れやそれぞれの地域で注目されている話題に依拠することになりますから，職場の皆で情報交換をしながら学びたいテーマを選択するとよいでしょう。それから，研修を計画するとなれば研修の効果を検証するところまで取り組んで1つの仕事が完結するということになるので，研修の目的と評価の指標や項目を事前に定めておくことで研修の効果を示すエビデンスとして取り扱うことが可能になります。具体的には，研修を受講する前に研修テーマに関する知識量やその研修を受けることで自分の中でどのような変化が起きることを期待するのかを表現してもらい記録します。研修が終わった後に，研修前に記録として残してもらった状況がどのように変化したかを表現してもらい，これも記録します。2つの記録間の変化を抽出し，その結果を研修の参加者に返して，今後の自己研鑽の手掛かりにしてもらうというやり方もあります。

5　校外の専門職との連携

●（1）校外の専門職との情報共有と連携先　●

　本章の最後に，特別支援教育コーディネーターの役割の1つである校外の専門職との連携について考えていきます。ここでは，教員免許状を持つ専門職種の場合を校内，そうでない場合を校外と考えることにします。そのため，文部科学省の所管するスクールカウンセラー制度・スクールソーシャルワーカー制度の事業に携わっている専門職については，校外の専門職との連携として整理します。一方で，栄養教諭が行う栄養指導や養護教諭が行う思春期保健指導

（いのちの授業等）については，校内連携と考えます。

　校外の専門職として連携することが求められる専門職には，小児科医や児童精神科医（特別の支援を必要とする子どものけが等の治療や発達障害等の診断で関わります），公認心理師等の心理系資格保有者（臨床心理士，臨床発達心理士，学校心理士，特別支援教育士など），言語聴覚士（ことばの教室等で関与します），作業療法士（どちらかというと就学前の教育現場の支援で多く関わります），幼稚園教諭や保育士（就学前からの引継ぎやスタートカリキュラムの編成で協働します），等々が指摘できます。

　このような様々な分野の専門職との連携を行う際に注意すべきことは，守秘義務を厳守しながら，できるだけ数多くの情報を共有することです。使用可能な情報が多いことは，より具体的で効果的な支援計画や指導計画の立案に役立つからです。このことを実現するためには，教員は日頃から子ども本人と保護者との間でよいコミュニケーションの実績を積み上げて，同意を得られるように日々の教育活動を振り返ることが大切になってきます。

●（2）要録を介した連携 ●

　校外の専門職との情報共有と役割の分担は基本的に会議場面を設定して，特別の支援を必要とする子どもの個人情報を共有し，ケースとしての要点を確認していきます。こうした会議場面以外での情報共有方法として，「要録」を通じた連携と，「訪問」を通じた連携があります。

　「要録」とは，小学校に入学する前（いわゆる5歳児）の一人ひとりの子どもの学びの状況をまとめた報告書のことです。保育所から発出されるものを「保育所児童保育要録」，幼稚園から発出されるものを「幼稚園幼児指導要録」，幼保連携型認定こども園から発出されるものを「幼保連携型認定こども園園児指導要録」といいます。

　自治体（市区町村）の考え方や体制づくりによって異なりますが，要録の受け渡しは就学前施設から直接入学先の小学校に届けるケースもあれば，教育委員会が就学前施設から要録を回収して入学先の小学校ごとに取りまとめて送るというケースもあります。

　前者の場合，特別の支援を必要とする子どもの保育について直接小学校へ訪

問して要録を届ける際に口頭で必要な情報を補足することもあります。また，後者の場合であっても，小学校教員が就学前施設に出向くことがあります。

●（3）訪問を通じた連携 ●

　文部科学省は，幼保小連携の到達状況を把握するための大まかな目安を「平成28年度幼児教育実態調査」で導入し，その結果を公表しました。それによると，そのおおまかな目安はステップ0から4までの5段階が想定されています。

　"訪問を通じた連携"というのは，このうちの"ステップ2：年数回の授業，行事，研究会などの交流があるが，接続を見通した教育課程の編成・実施は行われていない"の段階に該当します。決して連携の到達段階の中では高い位置にあるわけではありませんが，基本的な内容であり，十分に意を傾けて丁寧に実施することが求められるものです。

　"訪問を通じた連携"のよいところは，小学校の側から保育所・幼稚園等へ出向いて直接特別の支援を必要とする子どもの生活と遊びの様子を観察できることと，保育所・幼稚園等の側の評価や受け止め方について直接意見交換ができることです。対象となる特別の支援を必要とする子どもを間に挟んで保育所・幼稚園等の先生方と率直な意見を交換する機会は，小学校側の関係者，特に特別支援教育コーディネーターの視野を広げてくれます。

　また，これは以前に筆者が行った聞き取り調査で得た助言になりますが，小学校が引き継いだ情報として有用であった内容は，対応の成功例ではなく失敗例であったそうです。「○○をしたらうまくいった」ということより，「△△をしたらうまくいかなかった」という情報の方が小学校に入学した後で教員が対象となる児童と関わる際の留意点を意識しやすいからだそうです。このような失敗例は，通常文書化して引継先に送られることはありません。そのため，直接，対象となる幼児や保育所・幼稚園等の担当者と顔を合わせながら話をする際に伝達されることになります。

　なお，個人情報の保護の観点からの配慮に関しては，小学校の特別支援教育コーディネーターが前面に出るのではなく，保育所・幼稚園等の担当者が保護者に了解を取るようにするとスムーズに話が進みます。

```
┌─────────────────────────────────────────────┐
```

第10章のまとめ

　第10章では特別支援教育コーディネーターについて，学外の関係機関との連携を含めた業務や役割，指導・援助方法を整理しました。

　この章では，特に教員間，保護者，校外の専門職との連携のあり方と重要性を述べています。これは「特別の支援を必要とする子ども」の生活は学校だけではないからです。それぞれの専門性を生かしつつも同じ視点を持ち，同じ対応をすることで「特別の支援を必要とする子ども」が生活しやすくなることにもつながります。この点は，すべての教員が理解しておくべき事項でもあります。今までの章で取り上げた事項と合わせて確認をしておきましょう。

　本章の内容について，復習を兼ねて以下の観点から整理しましょう。

① 特別支援教育コーディネーターの業務内容を整理してみよう。

② 特別支援教育コーディネーターに求められることは何か，関係機関（教職員・保護者・校外の専門職）との連携の観点から整理してみよう。

③ 保育所・幼稚園・認定こども園等と小学校との接続や連携について，要録や個別の指導計画の共有，制度の活用方法をふまえて整理してみよう。

④「特別の支援を必要とする子ども」に特別支援教育コーディネーターとして関わる際，どのような点に注意・配慮する必要があるか考えてみよう。

■引用文献■

1）南雲直二：障害受容—意味論からの問い，荘道社，1998，pp.59-63
2）Kübler-Ross, E.: On Death and Dying, Routledge, 1969
3）E.キューブラー・ロス（川口正吉訳）：死ぬ瞬間—死にゆく人々との対話，読売新聞社，1971

■参考文献■

・相澤雅文・清水貞夫・二通諭・三浦光哉編著：特別支援教育コーディネーター必携ハンドブック，クリエイツかもがわ，2011
・松本寿昭編著：社会福祉援助技術，同文書院，2010

索　　引

執筆者・執筆担当

〔編著者〕

細渕　富夫（ほそぶち　とみお）　埼玉大学名誉教授　　　　　　　　第2章1

伊勢　正明（いせ　まさあき）　白鷗大学教育学部教授　　　　　第1章1・6，第3章1・2・5，第6章7，
　　　　　　　　　　　　　　　　　　　　　　　　　　　　　第7章1・2，第9章，第10章

大江　啓賢（おおえ　ひろかた）　東洋大学文学部准教授　　　　　　第4章3，第6章1〜3

〔著　　者〕（五十音順）

宇治川雄大（うじかわゆうだい）　山形県立山形聾学校教諭　　　　　第4章2

内河水穂子（うちかわみほこ）　埼玉大学教育学部附属　　　　　第1章2〜5，第5章1
　　　　　　　　　　　　　　　教育実践総合センター教授

尾﨑　承子（おざき　つぎこ）　宇都宮大学大学院教育学研究科　第8章
　　　　　　　　　　　　　　　特任准教授

小泉　晋一（こいずみ　しんいち）　共栄大学教育学部教授　　　　　第2章2〜5，第3章3・4，第7章3・4

齋藤　大地（さいとう　だいち）　宇都宮大学共同教育学部助教　　第5章2〜5

髙橋　三郎（たかはし　さぶろう）　府中市立住吉小学校主任教諭　　第6章5・6

中村　保和（なかむら　やすかず）　群馬大学共同教育学部准教授　　第4章1，第6章4

教職ライブラリ

特別の支援を必要とする子どもの理解

2023 年（令和 5 年）7 月 20 日　初版発行

編著者	細渕富夫
	伊勢正明
	大江啓賢

発行者　筑紫和男

発行所　株式会社 建帛社 KENPAKUSHA

112-0011 東京都文京区千石 4 丁目 2 番15号
T E L（03）3944－2611
F A X（03）3946－4377
https://www.kenpakusha.co.jp/

ISBN978-4-7679-2134-1　C3037
Ⓒ細渕富夫・伊勢正明・大江啓賢ほか，2023.
（定価はカバーに表示してあります）

明祥／田部井手帳

Printed in Japan